Claudia Hohloch

IMPRESSUM

ISBN: 978-3-96046-182-1

Die Kita-Umwelt-Retter
Mit Kindern Umweltschutz und Nachhaltigkeit leben
Essen & Ernährung

Klett Kita GmbH · Rotebühlstr. 77 · 70178 Stuttgart ·
Internet: www.klett-kita.de

Redaktion	Myriam Bork
Redaktionelle Mitarbeit	Jana Scholz
Autorin	Claudia Hohloch
Illustration	Alexandra Junge
Gestaltung und Satz	DOPPELPUNKT, Stuttgart
Druck	Grafik Media Produktion, Köln

Kontakt
Telefon: 07 11 / 66 72 58 00
Telefax: 07 11 / 66 72 58 22
kundenservice@klett-kita.de

Gedruckt auf FSC®-zertifiziertem Papier.

Bibliografische Information der Deutschen Nationalbibliothek. Die Deutsche Nationalbibliothek verzeichnet diese Publikation in der Deutschen Nationalbibliografie. Detaillierte bibliografische Daten sind im Internet über http://dnb.d-nb.de abrufbar.

Bildnachweis

Layoutillustration
Gettyimages.de/Color_life
Freepik.de/macrovector, katemangostar

Privataufnahmen
S. 29, 47, 50, 52, 53, 55, 57: Lisa Bittmann | S. 60: Myriam Bork | S. 80: Nicole Schielberg

Gettyimages.de
S. 7: Tom Werner | S. 9: SbytovaMN | S. 10: Joachim Berschauer | S. 12: Yana Tatevosian | S. 16: Andrey_Kuzmin | S. 17: Catherine Delahaye | S. 19: Andrey_Kuzmin | S. 20: Marcus Chung | S. 21: 10'000 Hours | S. 23: Peter Dazeley | S. 24: Daisy-Daisy | S. 27: Tetiana Aleksieieva | S. 28: moisseyev | S: 30: Aleksandr Zubkov | S. 32: Sabine Wagner | S. 34: Patrick Daxenbichler | S. 36: Peter Cade | S. 37: Christoph Jorda | S. 38: Catherine Delahaye | S. 40: Dougal Waters | S. 41: Hiraman | S. 42: Dougal Waters | S. 44: GMVozd |S. 45: hmproudlove | S. 46: dude_lea | S. 49: JaniceRichard | S. 51: Westend61 | S. 59: bhofack2 | S. 69: switchpipipi | S. 71: EduLeite

INHALT

LIEBE LESERINNEN & LESER,

Klimawandel, Artensterben, Regenwaldabholzung, Waldbrände, Überfischung, Plastikmüll im Meer – alles Stichworte unserer Zeit. Längst steht die Ampel unseres Planeten auf Rot und es ist höchste Zeit, dass wir etwas an unserem Verhalten verändern! Getan wird schon viel, doch noch nicht genug.

Für unsere Kinder und Enkel ist es wichtig, dass wir mit mehr Achtsamkeit und Köpfchen an die Probleme in den Bereichen Umwelt(-schutz) und Nachhaltigkeit herangehen – und schon unsere Kleinsten mit auf die Reise zurück zum lebenswerten Planeten nehmen.

Gerade im Kindergartenalter und im Kindergartenalltag lassen sich Umweltthemen vorleben und gemeinsam kindgerecht umsetzen. Ziel ist es, bei den Kindern Bewusstsein und Wertschätzung für die Natur zu schaffen, denn man kann nur schützen, was man gut kennt. Und wenn dabei die ganze Familie mit ins Boot geholt werden kann, wird aus einer kleinen Idee eine große Sache! Deshalb finden sich in der Reihe *Die Kita-Umwelt-Retter* neben wichtigen und spannenden Informationen zu den einzelnen Themen auch nachhaltige Ideen zur Umsetzung mit den Kindern. Außerdem gebe ich Ihnen Tipps mit, wie Sie Träger, Team und Eltern in einen Prozess hin zur umweltfreundlichen Kita einbeziehen.

Wichtig ist mir bei dieser Reihe, dass Sie, die Kita-Kinder und die Kita-Familien, mit Spaß und Freude auf die Umweltschutz-Entdeckungstour gehen und für sich auswählen, was sich realisieren lässt. Bitte beachten Sie, dass nicht alles von heute auf morgen umgesetzt werden kann und muss. Nehmen Sie sich die Zeit, die Sie brauchen, setzen Sie die Dinge um, die zu Ihnen, Ihrer Einrichtung, Ihren Kindern und deren Familien passen, und genießen Sie die kleinen Erfolge, die sich nach und nach einstellen: beispielsweise die Reduzierung der Gelben Säcke, das Schrumpfen der Mülltütenanzahl oder die klugen Ratschläge der Kindergartenkinder, die sich immer mehr in diesem Thema auskennen werden.

Auf dieser Reise wünsche ich Ihnen viele schöne Momente, zahlreiche Aha-Erlebnisse und strahlende Kinderaugen!

Herzliche Grüße,
Ihre Claudia Hohloch

ZUR ARBEIT MIT DIESEM BUCH

Die Praxisratgeber der Kita-Umwelt-Retter-Reihe möchten Sie dabei begleiten, Ihren Kita-Alltag umweltfreundlich(er) zu gestalten und die Kinder und Eltern auf diese Reise mitzunehmen. Das Anliegen des Buches ist es, gemeinsam die Erde mit mehr Achtsamkeit und Wertschätzung zu behandeln.

Dafür darf das Wissen nicht zu kurz kommen: Zu jedem Kapitel gibt es wichtige, spannende und manchmal auch witzige Fakten aus dem Reich der Natur und der Tiere.

Für die praktische Umsetzung mit den Kindern halten die Kapitel zahlreiche kreative und nachhaltige Ideen bereit: Von Insektenhotels über Tierspuren-Memorys bis zur eigenen Teemischung – die Kinder lernen die Natur und ihre Umgebung mit allen Sinnen kennen. Die Ideen eignen sich für ein ganzes Projekt, können aber auch einzeln herausgegriffen werden – ganz nach den Interessen Ihrer Gruppe. Am Ende des Buches finden Sie einen Ideenpool mit noch mehr Spielen, Kreativ- und Sinnesangeboten mit und in der Natur.

Um den Kindern zu vermitteln, dass die Erde ein kostbarer Schatz ist, gibt es eine Schatzkiste. Das kann eine richtige kleine Holzkiste sein – im Anhang finden Sie aber auch eine Bastelschablone für eine Kiste aus Papier. Die Schatzkiste hält Natur- und Anschauungsmaterialien bereit, wodurch das jeweilige Thema noch (be-)greifbarer für die Kinder wird. Die Schatzkiste kann als Ritual im Projektkreis mit einbezogen werden und so die Kinder schon auf das Thema einstimmen.

Außerdem werden die Kinder von den beiden Umweltprofis Marie und Nick begleitet. Die Stabpuppen – die Kopiervorlagen hierfür finden Sie im Anhang – dienen als Ansprechfiguren, führen die Ideen mit einer kleinen Geschichte ein und sind Umweltschutz-Vorbilder. Mithilfe des Steckbriefs auf Seite 15 können Sie Marie und Nick den Kindern vorstellen.

Sind Ihre Kinder auch wahre Umweltprofis? Ihr Wissen können sie bei einem Umweltschützer-Quiz unter Beweis stellen – das Umweltschützer-Diplom winkt! Eine Vorlage hierfür findet sich ebenfalls im Anhang.

Auch für Teamsitzungen und Elternabende zum Thema *Umweltschutz* sind Sie perfekt vorbereitet: mit Ideen zur gemeinsamen Umsetzung in der Kita und hilfreichen Checklisten.

UMWELTSCHUTZ

von Anfang an

DIE SPUREN, DIE WIR HINTERLASSEN

Auswirkungen unseres Verhaltens auf die Erde

Die Natur bleibt im Gleichgewicht, wenn jedes Lebewesen nur genau so viel Nahrung aufnimmt, wie es braucht. Nur, wenn so viel Wasser verwendet wird, wie tatsächlich nötig ist, oder auch, wenn nur so viele Rohstoffe verbraucht werden, wie notwendig. Wenn jedoch mehr Lebensmittel, Kleidung oder andere Waren gekauft und konsumiert werden, wird zur Herstellung mehr Energie benötigt, werden mehr Güter ausgeschöpft und wird auch mehr Wasser verbraucht, als es eigentlich bedürfen würde. Eine einfache Rechnung: Für eine Tasse Kaffee brauchen Sie etwa 200 ml Wasser? Weit gefehlt: Tatsächlich sind es über 130 l! Der sogenannte *Wasserfußabdruck* von Konsumgütern bezieht den Anbau, die Herstellung, den Transport, den Handel usw., bis die Tasse Kaffee auf Ihrem Tisch steht, mit ein. Für einen Schuss Milch kommen dann übrigens noch einmal 80 l Wasser dazu.

SCHON GEWUSST?

Auch wenn der Fleischkonsum weltweit steigt: Der Anteil an Menschen, die sich bewusst vegetarisch oder vegan ernähren, wird immer größer – in Deutschland ernähren sich mittlerweile 8 Millionen Menschen vegetarisch, das sind 10 % der Bevölkerung!

Unser Konsumverhalten geht nie spurlos an der Umwelt vorbei. Wird zu viel konsumiert, entsteht ein Ungleichgewicht, das sich in der Natur deutlich bemerkbar macht: Waldsterben, Klimawandel, Artensterben – alle diese Umweltschäden gehen mit unserem Umgang mit der Natur einher.

GESUNDE ERNÄHRUNG IST UNS WICHTIG

Essen gehört zu unseren wichtigsten Grundbedürfnissen, weit über die reine Nahrungsaufnahme hinaus – über Jahrhunderte haben Menschen ihre gemeinsamen Mahlzeiten kultiviert. Dabei achten viele Menschen bewusst darauf, was sie essen und wie es angebaut wurde. Laut einer Studie des Bundesministeriums für Landwirtschaft und Ernährung (BMEL-Ernährungsreport von 2021) ist es einem Großteil der Befragten bei der Auswahl der Lebensmittel wichtig, dass sie umweltschonend und regional produziert wurden – Tendenz steigend. Auch kommt mehr Obst und Gemüse und weniger Fleisch auf die Teller als noch in den Vorjahren.

Die Debatte über gesunde Ernährung und was das Ganze mit der Umwelt zu tun hat, rückt immer mehr ins öffentliche Bewusstsein. Die genauen Auswirkungen hängen stark von Art, Herstellungs- und Verarbeitungsweise, Transport und Lagerung der Lebensmittel ab. Das liegt auf der Hand: Der Apfel aus dem eigenen Garten ist wesentlich umweltfreundlicher als einer, der um die halbe Welt fliegen musste.

UMWELTSCHÄDLICHE FAKTOREN

Landwirtschaft wirkt sich auf das Klima aus: Wiederkäuer wie Rinder, Schafe und Ziegen produzieren bei der Verdauung Methan (CH_4) – ein noch viel stärkeres Treibhausgas als CO_2, das bei der Produktion von Düngemitteln, beim Transport und der Verarbeitung von Lebensmitteln freigesetzt wird.

Die Lebensmittelerzeugung beeinflusst das Artensterben durch die Zerstörung natürlicher Ökosysteme bei der Abholzung von Flächen, um sie in Plantagen, Felder und Weiden zu verwandeln. Außerdem werden auf den landwirtschaftlich genutzten Flächen meist nur Monokulturen angebaut – meist unter Einsatz von Pestiziden und Herbiziden. Hier geht immer mehr Lebensraum für Tiere und Wildpflanzen verloren. Vor allem der Anbau von Soja als Futtermittel in der Massentierhaltung und Palmölplantagen sind problematisch für die Umwelt.

Für die Lebensmittelproduktion werden 70 % des weltweiten Süßwassers verbraucht – und damit auch verschmutzt. Düngemittel und Pestizide verunreinigen das Grundwasser und machen es auf Dauer ungenießbar. Vor allem in wasserarmen Regionen ist das ein Problem für die dort lebende Bevölkerung.

WELCHE MÖGLICHKEITEN HABEN WIR?

Natürlich sind die Möglichkeiten, sich autark von der Lebensmittelindustrie zu ernähren, stark eingeschränkt, vor allem in Städten. Bewusst regional und saisonal einkaufen hilft, zu einer besseren Umweltbilanz beizutragen. Außerdem können wir unseren Fleischkonsum reduzieren, weniger Lebensmittel wegwerfen und auf unnötige Verpackungen verzichten. So können Ressourcen geschont und der Umwelt etwas Gutes getan werden. Achtsamkeit und Wertschätzung unserer Natur und den Tieren gegenüber haben absolute Priorität – und dieses Bewusstsein kann schon im Kindergarten gepflanzt werden.

Um das Leben von uns und unseren Kindern zu sichern, ist es wichtig, die Natur zu schützen, Müll zu vermeiden und Ressourcen zu schonen: Ziel des Umweltschützers ist es, die Natur, Pflanzen und Tiere zu bewahren, nur das zu konsumieren, was tatsächlich gebraucht wird und Abfall sowie unnötige Produktionen zu vermeiden.

AUCH KLEINE SCHRITTE VERÄNDERN DIE WELT

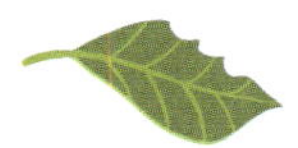

8 Ruck-zuck-Umwelttipps

Viele Menschen haben das Gefühl, allein nichts ändern zu können. Doch das ist falsch! Jeder kann für sich selbst einen Aspekt auswählen, den er gern umsetzen möchte. Die nächsten Schritte werden dann von ganz allein kommen. Manche gehen auch gleich „aufs Ganze" und krempeln alles auf einmal um. Hierbei sollte allerdings beachtet werden: Wenn man sich aus Umweltschutz- und Gesundheitsgründen beispielsweise gegen die im Haushalt befindlichen Plastikdosen entscheidet, wäre es ein Fehler, diese wegzuwerfen und somit den Müllberg zu erhöhen. Besser wäre hier, die Plastikbehälter zu verschenken oder anderweitig zu nutzen (z. B. zur Aufbewahrung von Kleinteilen).

BIENENBLUMEN

Schon mit kleinen Ideen kann man Großes bewirken: Sie müssen nicht gleich einen ganzen Garten für Bienen anlegen – wie sollte das in einer Großstadt auch gehen? Aber: Mit einer insektenfreundlichen Blumenwiese, mit Blumenkästen oder -töpfen auf dem Balkon können viele fliegenden Insekten glücklich gemacht werden! Besonders beliebt bei fliegenden Insekten sind Bärlauch, Krokusse, Lavendel, Salbei, Sonnenblumen oder auch Oregano.

Durch eine Änderung des eigenen Verhaltens verändert sich auch die Wahrnehmung der anderen auf sich selbst. Jeder Einzelne kann etwas vorleben, Vorbild sein und das eigene Wissen an seine Mitmenschen (egal ob groß oder klein) weitergeben. Im Anhang finden Sie eine Checkliste, der Sie Anregungen entnehmen können, um Ihren Alltag umweltfreundlicher zu gestalten – den privaten wie auch den Kindergartenalltag. Bei den Ruck-zuck-Umwelttipps ist für jeden etwas dabei, das einfach umgesetzt werden kann. Im Anhang auf Seite 62 finden Sie die Tipps noch einmal als übersichtliche Checkliste, die Sie auch an die Eltern ausgeben können – wie viele Haken können Sie machen und verändert sich vielleicht etwas in Zukunft?

RUCK-ZUCK-UMWELTTIPPS

1 Wasser sparen? Hahn zudrehen!
Oft wird das Wasser laufen gelassen, obwohl es gar nicht gebraucht wird. Deshalb: beim Zähneputzen oder Händeeinseifen einfach den Hahn zudrehen und das Wasser sparen!

2 Fleischkonsum reduzieren!
Bei der Fleischherstellung kommt es zu einem hohen CO_2-Ausstoß, außerdem müssen Waldflächen weichen – lieber selten, dafür regionales Fleisch essen, oder ganz auf vegetarische Kost umsteigen.

3 Geräte richtig ausschalten!
Elektrogeräte ziehen auch im Stand-by-Modus Strom. Wer der Umwelt etwas Gutes tun möchte, stellt diese ganz aus oder zieht den Stecker und schaltet die Geräte wirklich nur dann ein, wenn sie tatsächlich gebraucht werden.

4 Auf unnötiges Verpackungsmaterial verzichten!
Bananen haben glücklicherweise schon eine Verpackung, auf einen Plastikbeutel drumherum kann daher getrost verzichtet werden. Ein Einweg-Kaffeebecher wird durch einen umweltfreundlichen Keramikbecher ersetzt und an der Wurst- und Fleischtheke können die Produkte vielerorts gleich in eigens dafür mitgebrachte Behältnisse eingepackt werden. Stoffbeutel nicht vergessen!

5 Auf Palmöl verzichten!
Palmöl trägt zur Vernichtung des Regenwaldes bei und sollte daher unbedingt vermieden werden. Gerade in Fertigprodukten, süßen Aufstrichen, aber auch in Seife oder Pflegeprodukten, findet sich das Öl – lieber auf alternative Produkte ausweichen!

6 Richtig lüften!
Mehrmals am Tag die Fenster ganz öffnen und für Durchzug sorgen – das ist viel effektiver als den ganzen Tag ein Fenster gekippt zu haben. Dadurch werden nur Kältebrücken geschaffen und während der Heizperiode wird unnötig Energie verschwendet.

7 Das Auto stehen lassen!
Kurz zum Bäcker oder die Kinder von der Kita abholen – mit dem Auto ist das praktisch. Doch oft braucht man gerade bei den Kurzstrecken mit dem Auto durch den Verkehrsdschungel länger als mit dem Rad oder zu Fuß. Übrigens lernen Kinder ihren Wohnort und die Verkehrsregeln zu Fuß viel besser kennen als aus dem Auto heraus.

8 Wäsche an der Luft trocknen!
Wer die Möglichkeit hat, sollte auf den Trockner verzichten und die Wäsche an der Luft trocknen lassen – das schont die Umwelt und den Geldbeutel.

UMWELTSCHUTZ IN DER KITA

In 4 Schritten zu mehr Nachhaltigkeit

Waldtage, Ausflüge, Bienenwochen – natürlich ist das Thema *Natur & Umwelt* in Ihrer Arbeit präsent. Aber es soll nicht einfach bei Projekten bleiben, sondern Umweltschutz soll nachhaltig im Alltag gelebt werden! Veränderungen auf dem Weg zur umweltfreundlichen Kita erscheinen nicht immer so einfach: Verschiedene Interessen müssen vereinbart, Gegebenheiten beachtet werden. Der Träger, das Team und die Eltern müssen ins Boot geholt werden. Das kann eine Herausforderung sein, denn der pädagogische Alltag bleibt auch nicht stehen. Auf den folgenden Seiten finden Sie praktische Tipps, wie der Prozess angestoßen werden kann – am besten gehen Sie in 4 Schritten vor.

1 Abstimmung mit dem Träger

Da der Träger die Verantwortung für eine Einrichtung trägt, ist dieser von Anfang an mit einzubeziehen. Es kann gut sein, dass der Impuls zur umweltfreundlichen Kita sogar vom Träger selbst kommt. Sollte dies aber nicht der Fall sein, informieren Sie den Träger und stimmen Sie sich mit ihm über die Möglichkeiten ab. Denn der Träger trägt nicht nur die Verantwortung, er stellt auch notfalls das erforderliche Budget zur Veränderung zur Verfügung oder unterstützt Fortbildungsmaßnahmen in diesem Bereich.

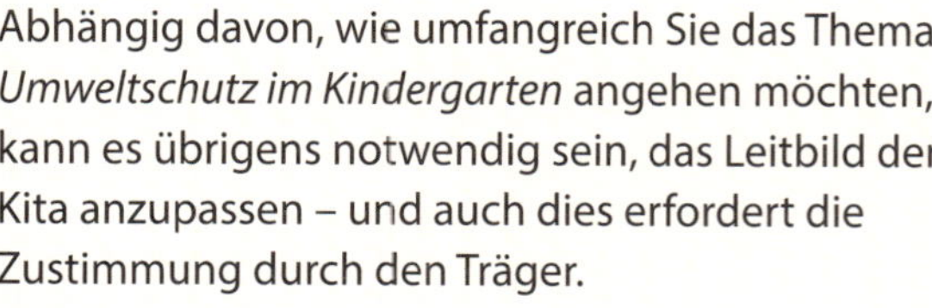

Abhängig davon, wie umfangreich Sie das Thema *Umweltschutz im Kindergarten* angehen möchten, kann es übrigens notwendig sein, das Leitbild der Kita anzupassen – und auch dies erfordert die Zustimmung durch den Träger.

2 Auseinandersetzung im Team

Vielleicht haben Teammitglieder selbst schon die Anregung gemacht, den Kita-Alltag umweltfreundlicher zu gestalten. Oder Sie haben nur

darauf gewartet, dass eine Person die Idee in die Teamrunde einbringt. Damit dieses spannende und vor allem wichtige Thema sinnvoll und dauerhaft umgesetzt werden kann, muss es intensiv im Team angegangen und eine mögliche Umsetzung besprochen werden. Nur wenn sich alle einig sind und an einem Strang ziehen, kann das Team viel bewegen.

Dabei gilt es, wichtige Fragen zu klären: Welches Know-how haben wir schon, wo brauchen wir vielleicht eine Fortbildung? Wie viel Budget benötigen wir und wie beziehen wir die Eltern ein? Als Unterstützung für Ihre Teamsitzung finden Sie im Anhang auf Seite 63 eine Checkliste mit diesen und weiteren Punkten zum Projektstart.

Durch das Beantworten der Fragen und die Dokumentation bekommt das Projekt Hand und Fuß – und was bisher nur als Idee existierte und aufwendig gewirkt hat, wird überschaubar und gut zu bewältigen.

3

Einbeziehen der Eltern

Im Kindergartenalltag wird üblicherweise an den Elternabenden und durch Elternbriefe über laufende Projekte informiert. Da das Thema *Umweltschutz* dann die meisten Früchte trägt, wenn die Kinder Gelerntes aus dem Kindergarten auch zu Hause wiederfinden, ist es ratsam, dazu einen eigenen Informationstermin anzusetzen. Auch zu diesem Schritt finden Sie im Anhang auf Seite 64 eine Checkliste, die Ihnen für die Elterninformation eine Hilfe sein soll.

In einer solchen Runde können Eltern dann ihre Fragen stellen, aber vielleicht auch noch selbst Anregungen und Ideen mit einbringen. Vielleicht ist eine der Eltern Imkerin und kann sich einen Kita-Besuch vorstellen? Vielleicht gibt es einen Förster unter den Eltern, der die Kinder zu einem Waldausflug mitnimmt? Manchmal sind auch handwerklich begabte Eltern dabei, die gern ein Insektenhotel mit den Kindern bauen möchten. Auf Anfrage werden sich sicherlich einige Eltern finden, die Sie gern bei Ihrem Projekt tatkräftig unterstützen!

Und der große Vorteil dabei: Bringen sich die Eltern selbst hier auch mit ein, werden sie mit mindestens genauso viel Eifer wie ihre Kinder an das Thema *Umweltschutz* herangehen!

4

Umsetzung mit den Kindern

Kinder stecken voller Ideen. Bezieht man die Mädchen und Jungen mit ein, blühen sie auf, fühlen sich wertgeschätzt und werden emotional gestärkt. Die Kinder können von Anfang an ihren Ideenreichtum mit einfließen lassen: zum Beispiel zum Start des Projekts durch eine Kinderkonferenz. Hier können sie ihr bereits vorhandenes Wissen einbringen und eigene Ideen zur Umsetzung nennen.

Die Ideen in diesem Buch sind darauf ausgelegt, dass Kinder die Natur und die Umwelt kennen- und schätzen lernen. In dieser Runde – oder zum Beispiel im Morgenkreis – kann dafür die Schatzkiste eingeführt werden, vielleicht schon mit dem ersten Mitbringsel zum Thema *Umweltschutz*. Oder aber auch mit Marie und Nick, den beiden Stabpuppen, die die Kinder mit ihrem Umweltschützer-Know-how auf ihrer Reise zum Umweltschützer begleiten werden. Nähere Informationen zu Marie und Nick und der Arbeit mit der Schatzkiste finden Sie auf den Seiten 5, 14 und 15.

DIE UMWELTPROFIS KOMMEN

Marie und Nick stellen sich vor

Marie und Nick sind Kinder, die sich dem Umweltschutz verschrieben haben. Sie möchten den Mädchen und Jungen in der Kita zeigen, wie Umweltschutz und Nachhaltigkeit funktionieren kann. Mithilfe der Steckbriefe stellen Sie Marie und Nick vor. Außerdem befinden sich im Anhang zwei Kopiervorlagen für Stabpuppen der beiden Umweltprofis. Einfach in Farbe kopieren und auf einen Holzstab kleben – schon können Marie und Nick bei den Projektideen eingesetzt werden und das Umweltprojekt noch lebendiger werden lassen. Auch für die Kinder können Kopien von Marie und Nick angefertigt werden – für ihre eigenen Projektunterlagen.

MARIE UND NICK, DIE UMWELTPROFIS

Schatzkiste:
Stabpuppen von Marie und Nick

Marie und Nick sind neu in eurem Kindergarten. Sie wollen sich heute erst einmal vorstellen (*Infos aus dem Steckbrief geben und evtl. Fragen kreativ beantworten*).
Die zwei haben auch ein ganz tolles Hobby: Sie sind Umwelt-Experten (*Kinder sagen lassen, was wohl ein Umwelt-Experte ist und was man dafür können muss*).
Marie und Nick wollen euch dabei begleiten, selbst Umwelt-Experten zu werden und werden uns jeden Tag/jede Woche neue Ideen rund um die Umwelt und die Erde mitbringen. In der Schatzkiste finden wir immer spannende Materialien, Bilder und Spiele (*zeigen*). Und sogar heute haben sie schon etwas für euch in die Kiste gepackt! Sollen wir mal hineinschauen?

STECKBRIEF Marie

- 5 Jahre alt
- braune Haare
- grüne Augen
- Lieblingsfarbe: Lila
- Hobby: spielt gern in der Natur
- ist Umwelt-Expertin
- hat ein Zwergkaninchen, um das sie sich sehr gut kümmert

STECKBRIEF Nick

- 5 Jahre alt
- blonde Haare
- braune Augen
- Lieblingsfarbe: Blau
- Hobby: baut im Garten gern Lager oder Höhlen
- ist Umwelt-Experte
- hat einen kleinen Hund, mit dem er viel Gassi geht

DAS UMWELTSCHÜTZER-QUIZ

Ihre Kinder sind richtige Umweltprofis? Dann haben sie sich ihr Umweltschützer-Diplom mehr als verdient! Zu den Inhalten in diesem Buch finden Sie hier ein Beispiel-Quiz und verschiedene Beispiel-Stationen, die vor der feierlichen Diplom-Übergabe durchlaufen werden.

Das Quiz sollte so gestaltet sein, dass alle Kinder in der Lage sind, es zu lösen. Die Fragen können in der Kindergartenrunde gestellt werden. Doch um nicht nur eine trockene Frage-Antwort-Situation zu schaffen, werden auch Stationen aufgebaut, an denen die Kinder ihr Wissen unter Beweis stellen können.

DAS UMWELTSCHÜTZER-QUIZ

- **Sortieraufgabe:** Was hat einen weiten Weg und was kommt von unseren Bauern? (Banane, Apfel, Ananas, Karotte, Kiwi, Salat - die Kinder sortieren die Früchte einem Spielflugzeug oder einem Spieltraktor zu)
- **Wissensfrage:** Wie verpackst du deine Kita-Vesper umweltfreundlich? (ggf. verschiedene Verpackungen zur Auswahl anbieten)
- **Wissensfrage:** Wie kannst du Wasser sparen?
- **Wissensfrage:** Was brauchst du, um umweltfreundlich einzukaufen?
- **Praxisaufgabe:** Umwelt-Retter-Kresse ziehen (S. 39)

Mehr unverpackt geht nicht - die Erdbeeren aus dem eigenen Garten

UMWELTSCHÜTZER-DIPLOM-PARTY

Kinder feiern gern – besonders, wenn es was zu feiern gibt! Und was kann ein schönerer Anlass sein, als eine Diplom-Übergabe? Doch als Umweltschützer achtet man natürlich auf umweltverträgliche Materialien für die Party.

Damit die Diplom-Übergabe im Sinne aller Umweltschützer stattfinden kann, im Folgenden ein paar Ideen für eine erfolgreiche Party:

- Einweggeschirr hat hier nichts zu suchen – das übliche Kindergartengeschirr kommt zum Einsatz.
- Girlanden? Natürlich! Mit aufgefädelten Blättern, Kastanien, Eicheln, Hagebutten …
- Was zum Essen und Trinken? Klar, mit Wasser aus Glasflaschen, ungesüßten Tees, Selbstgebackenem sowie frischem Obst und Gemüse – unverpackt natürlich!
- Servietten? Nur, wenn jedes Kind seine eigene Stoffserviette hat oder mitbringt.
- Tischdecken? Liebend gern – dann aber aus Stoff!
- Oder Tischsets? Warum nicht – aus Stoff für jedes Kind ein eigenes. Das kann dann auch noch individuell bemalt werden!

WAS UNSER ESSEN

mit der Umwelt zu tun hat

IN ALLER MUNDE: GESUNDE ERNÄHRUNG

Rohkost, glutenfrei oder vegan?

Um körperlich und geistig fit zu sein, schafft eine gesunde Ernährung die besten Voraussetzungen. Die Ernährung sollte abwechslungsreich und vielseitig gestaltet sein. Zu einer ausgewogenen Ernährung gehören Vitamine, Mineralstoffe, Spurenelemente, Kohlenhydrate und Eiweiße. Wer sich gesund ernähren möchte, kann sich an der Ernährungspyramide orientieren und sollte die folgenden Punkte beherzigen:

- Die Grundlage ist Flüssigkeit: am besten Wasser oder ungesüßte Tees.
- Mindestens fünf am Tag: Fünf Portionen Beeren, Obst und Gemüse am Tag sollten es sein – eine Portion entspricht hierbei in etwa einer Handvoll.
- Vollkornprodukte und Kartoffeln sollten einen großen Teil der Ernährung ausmachen.
- Milchprodukte, Fisch, Fleisch und Eier in Maßen
- Ganz wenig Fett und wenig oder kaum Zucker und Salz.

Bestimmte Lebensmittel haben einen besonders guten Ruf: Durch den hohen Wasser- und Ballaststoffanteil regt die Gurke die Verdauung an. Rote Trauben beinhalten besonders viel Resveratrol – der sekundäre Pflanzenstoff gilt als Anti-Aging-Wunder.
Besonders viele Vitamine und Mineralstoffe, die das Immunsystem stärken, befinden sich in Äpfeln. Nüsse können die Hautalterung verlangsamen durch das schützende Vitamin E (in Mandeln) oder dem hohen Omega-3-Anteil (in Walnüssen). Nüsse gelten außerdem auch als Brainfood. Bananen liefern reichlich Magnesium für die Muskeln.
Milch und Milchprodukte beinhalten viel Kalzium für starke Knochen.

EINE ERNÄHRUNGSPYRAMIDE ZUM SELBSTBEFÜLLEN MIT DEN KINDERN AUF S. 69

VERSCHIEDENE ERNÄHRUNGSFORMEN

Inzwischen gibt es viele verschiedene Ernährungsformen: Die einen verzichten aus Liebe zum Tier auf Produkte von toten Tieren, die anderen reduzieren ihre Kohlenhydrate, um abzunehmen. Manche müssen auf bestimmte Lebensmittel ganz verzichten, weil sie diese nicht vertragen und wieder andere verzichten gerne auf bestimmte Produkte, einfach, weil sie diese nicht mögen. Auch aus religiösen Gründen verzichten Menschen auf bestimmte Lebensmittel.

Für den einen ist die Änderung der Ernährungsweise zeitlich begrenzt (als Diät – um abzunehmen oder wegen einer Krankheit z. B. im Magen-Darm-Bereich wieder für mehr Einklang zu sorgen). So unterschiedlich die Bedürfnisse der Menschen sind – so vielseitig sind die Möglichkeiten der Ernährung.

Ernährt sich jemand **vegetarisch,** wird kein Fisch oder Fleisch gegessen, aber durchaus Eier, Honig und Milchprodukte. Die **vegane** Ernährung streicht alle Produkte tierischen Ursprungs vom Menüplan.

Glutenfrei bedeutet, dass auf Getreide(-produkte) verzichtet wird, die Gluten enthalten, also alles aus Weizen, Roggen, Gerste, Hafer, Dinkel, Grünkern, Urkorn, Emmer oder Kamut. Außerdem Hart- und Weichweizengrieß, wie er z. B. für Nudeln verwendet wird. Es gibt aber ein paar Getreidesorten, die kein Gluten enthalten wie Hirse, Buchweizen oder Leinsamen.

Low Carb heißt, dass die Menge an Kohlenhydraten in der Nahrungsaufnahme stark reduziert wird und dem Körper stattdessen die notwendige Energie über Lebensmittel mit einem hohen Eiweiß- und Fettgehalt zugeführt wird.

Rohkostler kommen ganz ohne Kochen aus und ernähren sich hauptsächlich von Obst, Gemüse und Nüssen. **Paleo-Ernährung** orientiert sich an den Lebensmitteln, die dem Steinzeitmenschen zur Verfügung standen, daher sind hier nicht erlaubt: Getreide, Milchprodukte und Zucker.

Gläubige Muslim:innen ernähren sich **halal** („erlaubt"). Gläubige jüdische Menschen folgen einem komplexen System an Speisevorschriften – sie ernähren sich **koscher**. Auch andere Religionen geben Vorgaben zur Auswahl der Nahrungsmittel, Zubereitungsart und Fastenregelungen.

ZU GUT FÜR DIE TONNE!

Lebensmittelverschwendung den Kampf ansagen

Jährlich werden in Deutschland rund 12 Millionen Tonnen Lebensmittel weggeworfen – das sind pro Person ca. 75 kg. Gleichzeitig leiden weltweit mehr als 900 Millionen Menschen Hunger. Mit den Lebensmitteln landen auch – im übertragenen Sinne – die Energien und Ressourcen für Herstellung und Transport in der Tonne.

SCHON GEWUSST

Meal Prep, Batch Cooking oder einfach „Vorkochen" kann Zeit, Geld und Ressourcen schonen. Denn wer hier gut plant, kauft nur genau das, was auch wirklich gebraucht wird. Beim Vorkochen von großen Mengen wird empfohlen, einen Tag in der Woche auszuwählen, an dem dann die Mahlzeiten für eine Woche vorbereitet werden. So ist jeden Tag etwas Frisches auf dem Tisch, kleinere Einkäufe zwischendurch fallen weg und Fertigprodukte – wenn es mal schnell gehen muss – werden überflüssig. Gut verpackt, kann man das vorbereitete Essen auch gut mit zur Arbeit oder in die Kita nehmen.

NACHHALTIG ERNÄHREN UND EINKAUFEN

Nicht nur wie man einkauft – also mit Stofftaschen, Dosen, saisonal – auch was man einkauft, nimmt Einfluss auf unsere Umwelt. So helfen kurze Transportwege, den CO_2-Ausstoß zu reduzieren, der Verzicht auf Billigfleischprodukte bietet der Massentierhaltung die Stirn und wer gentechnisch veränderte Lebensmittel meidet, tut der Erde und auch der eigenen Gesundheit etwas Gutes.

SO GELINGT DER NACHHALTIGE EINKAUF

- Auf Lebensmittel aus Massentierhaltung verzichten – auch bei Eiern und Milch!
- Auf Fleisch verzichten – vor allem von bedrohten Tierarten.
- Keine genmanipulierten Lebensmittel kaufen.
- Produkte mit dem Fairtrade-Siegel bevorzugen.
- Lebensmitteln aus der Region und passend zur Saison den Vorrang geben.
- Frische Lebensmittel einkaufen: Weiterverarbeitete Produkte wie Pommes benötigen in der Produktion mehr Energie als die Kartoffel (ein Rezept für selbstgemachte Backofen-Pommes finden Sie auf S. 58).
- Fertigprodukte vermeiden (diese beinhalten oft klimaschädliches Palmöl).
- Obst von Erdbeerfeldern oder Obstbaumwiesen selbst ernten.
- Auch bei Wasser und Milch regional kaufen.

10 TIPPS GEGEN LEBENSMITTEL-VERSCHWENDUNG

1. Vor dem Einkaufen Vorratshaltung checken und nur das auffüllen, was tatsächlich gebraucht wird.
2. Leicht verderbliche Lebensmittel nur in bedarfsgerechter Menge einkaufen oder gleich nach dem Einkauf einfrieren.
3. Nur auf den Teller schöpfen, was tatsächlich gegessen wird – im Restaurant notfalls eine halbe Portion ordern.
4. Reste einfrieren oder kühl lagern und zeitnah verzehren.
5. Bei der Essensplanung alle Familienangehörigen berücksichtigen: Muss an bestimmten Tagen vielleicht weniger gekocht werden?
6. Noch kurzfristig was fürs heutige Mittagessen einkaufen? Hier können auch Lebensmittel gekauft werden, deren Ablaufdatum bald erreicht ist.
7. Obst und Gemüse mit Dellen schnell verwerten, bevor sie verderben.
8. Überreifes Obst kann zu Mus oder Marmelade verarbeitet werden.
9. Lebensmittel mit abgelaufenem Haltbarkeitsdatum? Auf die Sinne verlassen! Riecht es noch gut und sieht auch noch frisch aus? Dann kann es auch noch verwendet werden – das Mindesthaltbarkeitsdatum greift meist etwas vor, um kein Risiko einzugehen – je nach Lebensmittel kann ein Verzehr ein paar Tage nach Erreichen des Haltbarkeitsdatums noch unbedenklich sein.
10. Krumme Gurke und eckiger Apfel? Obst und Gemüse, das nicht der Norm entspricht, hat dennoch die gleichen Inhaltsstoffe.

MEAL PREP FÜR DIE KITA

So können auch die Eltern helfen

Hier können Sie die Eltern mit ins Boot holen. Bei einem Elternabend zum Thema „Umweltfreundliche Ernährung“ können Sie den Eltern Meal Prep vorstellen. Im Umweltretter-Rezepte-Buch finden Sie auch leckere Rezepte, die sich wunderbar zu Hause zubereiten lassen (S. 50/51). Wie wäre es mit einem Meal-Prep-Mittag in der Kita? Oder Sie kochen gemeinsam mit den Kindern vor. Hilfreiche Tipps finden Sie im Folgenden.

TIPPS ZUR VORBEREITUNG

- Wochenplan erstellen und danach einkaufen – regional und saisonal.
- Ausreichend luftdichte Behältnisse für jeden – am besten aus Glas, da Plastikbehältnisse Schadstoffe ins Essen abgeben können.
- Behältnisse zum Einfrieren bereithalten.
- Bienenwachstücher statt Alu- oder Frischhaltefolie nutzen.
- Eingefrorenes richtig auftauen: Am besten langsam über Nacht. Vorsicht: Einmal Aufgetautes nicht wieder einfrieren, da sich sonst Bakterien übermäßig vermehren.

MEAL-PREP-WOCHENPLANER AUF S. 70!

LAUTER LECKEREIEN IMMER DABEI

Schatzkiste:
Bienenwachstuch, verschiedene Vesperdosen und Getränkeflaschen

Marie und Nick haben jeder eine Vesperdose mit ihrem Namen drauf und eine dazu passende Trinkflasche – damit gehen sie auf Ausflüge, auf den Spielplatz oder in die Kita. Wie ist denn euer Vesper heute verpackt? Wollt ihr das mal zeigen? *(Kinder holen ihre Dosen und Flaschen)* Ihr seid alle schon richtig gute Umweltretter: Tolle Dosen und Flaschen habt ihr dabei! Manchmal, da bleibt vom Essen noch was übrig – was macht die Mama oder der Papa denn dann? *(Einfrieren, in Kühlschrank, abends essen, ...)* Benutzt ihr auch mal eine Folie zum Abdecken? Schaut mal, mit dem Bienenwachstuch geht es auch! Das kann man ganz oft benutzen und ist sogar umweltfreundlich!

KREATIVIDEE: BIENENWACHSTUCH SELBST MACHEN

Material:
Baumwollstoff, 100 g Bienenwachs, ca. 10 g Baumharz, Topf, Pinsel, Backblech und Backpapier (oder eine wiederverwendbare Backmatte oder Backfolie)

Mit Bienenwachstüchern kann man Lebensmittel wie Brot oder angeschnittenes Obst einwickeln und aufbewahren. Sie sind nachhaltig, wiederverwendbar und antibakteriell. Auch Schüsseln können damit abgedeckt werden. Man kann sie kaufen oder auch selbst herstellen: Dafür den Stoff auf die gewünschte Größe schneiden. Bienenwachs und Harz zerkleinern, in einem Topf unter Rühren zum Schmelzen bringen. Backblech mit Backpapier auslegen. Stoffteile darauflegen, Wachsmischung gleichmäßig drüberpinseln und bei 90°C ca. 1–3 min im Ofen backen. Zum Reinigen mit kaltem Wasser abwaschen. Kann außer für Fleisch und Wurst für fast alle Lebensmittel genutzt werden.

KRUMME DINGER

Von Normäpfeln und geraden Bananen

Obst und Gemüse, das in den Läden zum Kauf bereitliegt, macht immer eine gute Figur: Die Äpfel sind schön rot und saftig, die Gurken beinahe linealgerade und die gelbe Banane kommt mit ihrer obligatorischen Krümmung daher. Was in den Supermärkten verkauft wird, muss bestimmte Anforderungen erfüllen. Hierfür wurden Verordnungen erlassen, die einzuhalten sind. Sie regeln zum Beispiel einwandfreien Zustand, Farbe und Größe. Die Bananenverordnung der EU gibt beispielsweise an, dass eine Banane mindestens 27 mm breit und 14 cm lang sein muss. Eine Krümmung der Banane wurde allerdings entgegen vieler Behauptungen nicht festgelegt. Die Verordnung für die Gurke, laut der eine Gurke maximal eine Krümmung von 10 mm auf 10 cm Länge aufweisen durfte, wurde übrigens 2009 wieder außer Kraft gesetzt. Dennoch halten sich noch viele Händler an die Vorgaben.

Obst und Gemüse, das die Vorgaben der Verordnung nicht erfüllt, wurde sehr lange entweder auf dem Feld liegen gelassen, an Tiere verfüttert oder anderweitig entsorgt. Inzwischen gibt es aber mehr und mehr Initiativen, die sich dafür einsetzen, dass auch herzförmige Äpfel und gerade Bananen ihren Weg in die Supermärkte finden. Dort werden sie dann oft günstiger verkauft als das genormte Obst und Gemüse. Dennoch wird noch immer viel zu viel entsorgt.

KLASSENBESTER BEI OBST UND GEMÜSE

Obst und Gemüse wird in verschiedene Klassen eingeteilt:
Extraklasse: Hier erfüllt Obst und Gemüse den höchsten Qualitätsstandard. Dabei gibt es keine Abweichungen z. B. bei Farbe oder Gewicht.

SCHON GEWUSST

Auf den Geschmack kommt es an, oder? Bei einer Apfelmeditation nehmen die Kinder die Frucht ganz bewusst wahr: Jedes Kind erhält einen Obstschnitz. Die Augen bleiben geschlossen. Wonach riecht das Obst? Wie fühlt sich die Schale an? Wie das Fruchtfleisch? Wenn man reinbeißt, wie fühlt sich das Fruchtfleisch im Mund an? Fest oder kernig? Rau oder weich? Wie schmeckt es? Süß oder säuerlich? Saftig oder trocken?

Klasse 1: Obst und Gemüse ist hier von guter Qualität, kann aber kleinere Mängel (z. B. leichte Farb- oder Formfehler) haben.
Klasse 2: Die Mindesteigenschaften müssen erfüllt sein, das Obst und Gemüse darf aber auch kleinere Druckstellen haben. Gewicht, Form und Größe sind auch hier definiert und müssen eingehalten werden, damit die Ware verkauft werden darf – ein Apfel muss laut EU-Verordnung einen Durchmesser von 60 mm und ein Gewicht von mindestens 90 g vorweisen.

SCHON GEWUSST

Was ist eigentlich eine Norm? Und wer sagt, was 500 g sind? Rüsten Sie die Kinder mit Waagen und Maßbändern, Schüsseln und Materialien zum Wiegen und Messen aus und gehen Sie gemeinsam auf Streifzug durch die Kita.

SCHMECKT MAN, WIE KRUMM EINE BANANE IST?

Kreative Obst- und Gemüseideen

Ein angebrochener Käse wurde im Kühlschrank vergessen und ist jetzt nicht mehr genießbar? Schlimm genug, wenn Lebensmittel aus unseren Vorräten in die Tonne wandern – doch was ist mit all dem Obst und Gemüse, das es gar nicht erst zu uns nach Hause schafft, weil es nicht der Norm entspricht? Auf Wochenmärkten und im Hofladen kann man diese unperfekten Teile kaufen – schmecken die auch anders? Machen Sie den Test!

VERSCHMÄHTE FRÜCHTCHEN

Laut einem Bericht der Vereinten Nationen von 2019 landen weltweit in industrialisierten Ländern 40 bis 50 % der Ernte im Müll – die Hälfte aller produzierten Lebensmittel! Und das oft nur, weil sie zu krumm, zu klein oder ein bisschen angeschlagen sind.

MARIE UND NICK UND DAS UNPERFEKTE OBST

Schatzkiste:
genormtes und unperfektes Obst und Gemüse, ganz und in Teile zum Probieren geschnitten

In den Supermärkten finden sich fast gerade Gurken, runde Äpfel und krumme Bananen – doch was glaubt ihr? Wachsen die alle genauso? *(Kinder äußern ihre Vermutung)* Nehmt euch mal Obst und Gemüse aus der Mitte – was meint ihr? Hätten diese es in den Supermarkt geschafft? Marie und Nick kaufen oft Obst und Gemüse auf dem Bauernmarkt. Da kommt eine Gurke auch mal krumm daher – doch schmecken die Lebensmittel anders? Probiert mal aus, ob ihr einen Unterschied schmeckt *(Kinder probieren)*.
Einen Unterschied schmeckt man nicht, doch weil viele lieber das „normale" Obst und Gemüse kaufen wollen, findet sich dieses auch gehäuft in den Supermärkten. Doch ist das unperfekte Obst und Gemüse mindestens genauso gut wie das genormte – und es lassen sich auch daraus viele leckere Sachen machen.

REZEPTIDEE: LUSTIGE OBSTTIERE

Natürlich schmeckt ein Apfel auch einfach so – aber das Auge isst natürlich mit: Aufgeschnitten und zu einem lustigen Krebs angerichtet, fallen auch kleine Schönheitsfehler beim Apfel nicht auf. Ideen für Obst- und Gemüsetiere finden Sie im Umweltretter-Rezeptebuch auf S. 52/53.

125 LITER WASSER IN EINEM APFEL

Über den Wasserfußabdruck

Zur Produktion von Lebensmitteln wird Wasser verbraucht. Besonders Rindfleisch wird in diesem Zusammenhang immer wieder erwähnt. Zur Herstellung von Kakaobohnen und Röstkaffee ist sogar noch mehr Wasser notwendig! Äpfel, Kartoffel, Erdbeeren oder Salat dagegen benötigen relativ wenig Wasser, um wachsen und gedeihen zu können. Der persönliche Wasserverbrauch wird im sogenannten Wasserfußabdruck bemessen. Eine Übersicht über den Wasserverbrauch von Lebensmitteln findet sich auf S. 71.

WASSERFUẞABDRUCK

Der Wasserfußabdruck bezieht nicht nur das Wasser ein, das wir trinken oder zum Waschen und Kochen benutzen, sondern bemisst die Wassermenge, die für die Produktion eines Lebensmittels eingesetzt, verdunstet oder verschmutzt wurde – zum Beispiel durch Dünger und Pflanzenschutzmittel.
Bei der Bewertung spielt auch die Region eine Rolle: Ein hoher Wasserfußabdruck ist in einer wasserreichen Gegend weniger problematisch als in einem Wüstengebiet. Aber: Für die Berechnung des Wasserfußabdrucks ist nur Süßwasser relevant, die Verschmutzung der Ozeane wird nicht betrachtet.

WASSERSPARPROFIS MARIE UND NICK

Schatzkiste
Bunte Kärtchen, großes Plakat, Stifte

Wasser ist kostbar. Marie und Nick wissen bereits: Ohne etwas zu trinken, kann ein Mensch höchstens 3 Tage überleben. Wasser ist also auch besonders wichtig für uns Menschen. Ein Grund mehr, besonders auf unser Wasser Acht zu geben. Wisst ihr denn bereits, wie man Wasser sparen kann? *(Kinder zählen auf)* Ihr habt schon richtig tolle Ideen – diese wollen wir nun sammeln und auf Kärtchen malen. Die Kärtchen werden dann auf ein Plakat geklebt und als Poster aufgehängt.

WASSERSPARIDEEN

- Beim Händeeinseifen – Wasserhahn ausdrehen.
- Becher immer leer trinken.
- Nur so viel einschenken, wie auch getrunken wird.
- Blumen mit Regenwasser gießen.
- Duschen statt baden.
- Beim Zähne putzen Wasserhahn ausdrehen.
- Regional und saisonal einkaufen.
- Recyclingpapier benutzen.

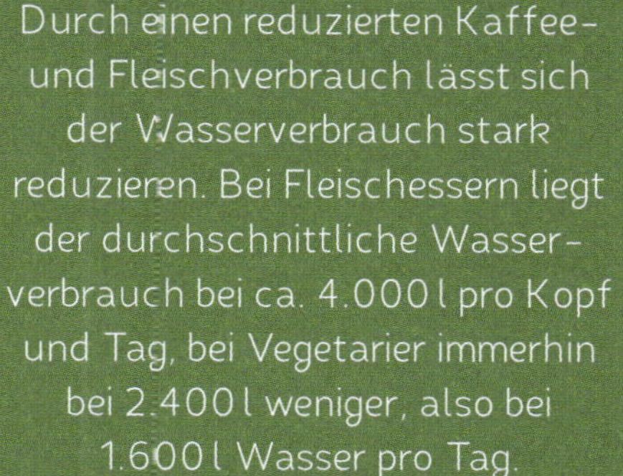

SCHON GEWUSST?

Durch einen reduzierten Kaffee- und Fleischverbrauch lässt sich der Wasserverbrauch stark reduzieren. Bei Fleischessern liegt der durchschnittliche Wasserverbrauch bei ca. 4.000 l pro Kopf und Tag, bei Vegetarier immerhin bei 2.400 l weniger, also bei 1.600 l Wasser pro Tag.

EINMAL UM DIE GANZE WELT

Lebensmitteltransporte schaden der Umwelt

Sind für den Transport von Lebensmitteln lange Wege notwendig, wirkt sich das auch auf unsere Umwelt aus!

Ein Beispiel: Ein Apfel aus Deutschland, der per LKW transportiert wird, verursacht 790 g CO_2. Ein Apfel aus Neuseeland, der mit dem Flugzeug den Weg in unsere Supermärkte findet, verursacht 5.130 g CO_2 – also mehr als das Sechsfache!

Fast 52.000 t Nahrungsmittel werden jährlich nach Deutschland eingeflogen. Zu den wichtigsten Importgütern zählen dabei Milch und Milcherzeugnisse, Fleisch und Fisch, Obst und Gemüse. Damit jeder in den Supermärkten findet, was das Herz begehrt, müssen Waren wie Südfrüchte, Kaffee, Tee oder Kakao importiert werden. Der größte Teil der in Deutschland konsumierten Lebensmittel stammt aus dem Ausland.

Aber auch deutsche Waren sind im Ausland beliebt: Deutsche Qualitätsprodukte wie Bier, Wein und tierische Lebensmittel erfreuen sich besonderer Beliebtheit. Doch für die Umwelt ist das eine starke Belastung! Durch die Transporte mit Schiff, Flugzeug und Lkw gehören transportierte Lebensmittel zu den Klimakillern Nummer 1!

NICHT ÜBERALL WO REGIONAL DRAUFSTEHT, IST AUCH (NUR) REGIONAL DRIN

Doch Achtung: Es gibt viele Produkte, die zwar in Deutschland hergestellt, aber in anderen Ländern weiterverarbeitet werden. Da auf der Verpackung „Produkt aus Deutschland" stehen darf, sind die Zwischenstationen oft nicht gleich nachvollziehbar oder transparent. Eine deutsche Nordseekrabbe wandert z. B. nicht direkt vom Krabbenkutter auf den Fischmarkt. Die Krabben werden von Ostfriesland nach Marokko verschifft, dort gepult und wieder zurückgeschickt. Das sind pro Reise über 3.000 km.

Es lohnt sich also, genau hinzusehen, woher Lebensmittel kommen. Wer hier auf Nummer sicher gehen möchte, sollte regionalen oder saisonalen Produkten den Vorrang geben und ggf. lieber verzichten.

Übrigens kann durch konsequenten Verzicht auf Produkte mit einem langen Transportweg auch mittelfristig Einfluss auf die Produktvielfalt genommen werden – denn Angebot wird durch Nachfrage geregelt und wenn ein Produkt nicht mehr nachgefragt wird, wird es auch nicht mehr bereitgestellt.

Wer auf regionale und saisonale Lebensmittel zurückgreift, tut der Umwelt was Gutes und sich selbst. Denn saisonale und regionale Produkte enthalten mehr Vitamine und Mineralstoffe, da diese bis zur Ernte länger reifen konnten als Obst und Gemüse aus Übersee.

DER KÜRZESTE TRANSPORT: VOM GARTEN IN DIE KÜCHE

Obst, Gemüse und Kräuter aus dem eigenen Garten helfen dabei, weite Transportwege zu vermeiden und den Wasserverbrauch zu reduzieren. Die Ernte ist dadurch auch garantiert frei von Pestiziden und anderen Schadstoffen. Auch für die Kita lohnt sich ein kleiner Nutzgarten, bei dem die Kinder mithelfen können. Kinder übernehmen gerne Verantwortung und wachsen mit den Herausforderungen, die man ihnen zutraut und die sie auch bewältigen können!

Bei genügend Platz kann eine Gartenecke ausreichender vorbereitet werden. Mit entsprechender Planung kann dann das ganze Kindergartenjahr über etwas für die gesunde und umweltfreundliche Küche geerntet werden.

KREATIVE BEETIDEEN

Aber auch in Einrichtungen mit wenig Außenspielbereich muss auf eine eigene Ernte nicht verzichtet werden: Mit einer Palette lassen sich schnell und einfach kleine Gärten zaubern. Dazu wird die Palette hochkant aufgestellt. In die Querverstrebungen werden dann kleine Pflanzenkübel eingesetzt. Diese werden mit Erde gefüllt und können mit Blumen, Salat oder Gemüsepflanzen bestückt werden.

Auch ein Hochbeet eignet sich gut für die Kita. In einem Hochbeet können alle Arten von Kräutern, Salaten und Gemüsepflanzen gezogen werden. Die Hochbeete werden schichtweise mit verrottbaren Gartenabfällen befüllt. Durch die Kompostierung ist die Erde im Hochbeet immer besonders reich an Nährstoffen. Außerdem sorgt die bei der Kompostierung entstehende Wärme für perfekte Wachstumsbedingungen der Pflanzen – ein Hochbeet ist also besonders gelingsicher auch für Gartenneulinge. Auf den nächsten Seiten finden Sie eine Anleitung, wie Sie mit den Kindern gemeinsam ein Hochbeet anlegen können.

HOCH HINAUS!

Ein Hochbeet für Kinder anlegen

Nicht jede Kita hat einen eigenen Nutzgarten – für ein Hochbeet ist aber oft doch noch Platz. Im Hochbeet können die Kinder auf Augenhöhe entdecken wie das Gemüse wächst. Für Erwachsene ist ein Hochbeet etwa 80 cm hoch, die Version für Kita-Kinder misst nur etwa 50 cm. Im Anhang auf S. 74 finden Sie eine detaillierte Anleitung, wie Sie das Beet aufbauen und befüllen.

PFLANZEN FÜR EIN HOCHBEET

Kräuter, Salatpflanzen, Radieschen, Tomaten, Gurken, Karotten, Kartoffeln

SAISONKALENDER AUF DEN S. 72/73

LECKERES AUS DEM EIGENEN GARTEN!

Schatzkiste:
Verschiedene Kräuterpflanzen (z. B. Schnittlauch, Petersilie, Pfefferminze, Zitronenmelisse, Oregano, Basilikum, ...)

Selbstgekochtes schmeckt immer am besten – wenn das Obst und Gemüse dann noch aus dem Garten kommt, ist das ein besonderes Highlight! Bei Marie und Nick gibt es ganz viele Beerensträucher im Garten und sogar Salatpflanzen in Blumenkästen auf dem Balkon – habt ihr denn auch Obst- und Gemüsepflanzen bei euch im Garten? *(Kinder erzählen)* Und was wird daraus gemacht? Esst ihr das Obst und Gemüse roh oder wird daraus etwas gekocht? *(Kinder berichten)* Nehmt euch jeder Mal eines der Kräuterblätter und riecht daran. Wer mag, kann das Kräuterblatt auch zwischen den Fingern verreiben oder es essen – woran erinnert euch der Geruch und der Geschmack? Zu welchem Essen könnte es gut passen? Erinnert euch der Geruch vielleicht auch an Urlaub oder ein besonderes Fest?

TOMATENSUPPE

Was darf in keinem Garten fehlen? Richtig: Tomaten! Im Umweltretter-Rezeptebuch auf S. 58 finden Sie ein einfaches Rezept, wie Sie gemeinsam mit den Kindern eine leckere Tomatensuppe aus der Ernte zaubern!

SCHON GEWUSST?

Cocktail, Kirsch und Roma – das war es schon beinahe an Tomatensorten, oder? Weit gefehlt! Weltweit gibt es mehrere tausend verschiedene Sorten Tomaten. Ein wahrer Tomatenkaiser ist ein Bauer in Österreich. Bei ihm wachsen 3.200 unterschiedliche Tomaten.

FLEISCH ODER NICHT FLEISCH?

Der Streit um die tierischen Produkte

Tierische Produkte haben sehr viel größere Auswirkungen auf die Umwelt als pflanzliche Lebensmittel. Ein Faktor hierfür ist die benötigte Fläche: Eine Kuh braucht nicht nur ein Stück Wiese – wenn sie das in ihrem Leben überhaupt einmal zu Gesicht bekommt. Auch für Futtermittel wird Fläche verbraucht. Obwohl Rinder und Schafe Grasfresser sind, bekommen sie in der industriellen Tierhaltung sogenanntes Kraftfutter wie Mais oder Soja. So wachsen die Tiere schneller, können früher geschlachtet werden und sorgen so für mehr Profit.

Darunter leiden aber nicht nur die Tiere – auf dieser Fläche könnten auch pflanzliche Nahrungsmittel für Menschen angebaut werden. Der israelische Umweltforscher Ron Milo und sein Team kommen zu dem Schluss, dass 350 Millionen Menschen mehr ernährt werden könnten, wenn 323 Millionen US-Amerikaner auf Fleisch verzichten würden: Auf der Fläche, die für 4 kg Rindfleisch benötigt wird, könnten 100 kg pflanzliche Nahrung erzeugt werden.[1]

TREIBHAUSGASE WIRKEN AUF DAS KLIMA

Durchschnittlich alle drei Minuten entweicht einer Kuh ein Lüftchen und setzt dabei Methan frei. Was erst einmal harmlos klingt, bedeutet in Zahlen ein Ausstoß von 100 kg Methan im Jahr, was in etwa einem CO_2-Ausstoß von 18.000 km bedeutet.

Um ein Kilogramm Fleisch herzustellen, braucht es mehr, als eine Kuh und etwas Weide:

- Täglich werden 30.000 ha für Weideflächen für die Fleischproduktion gerodet.
- Jährlich werden bis zu 87 t Antibiotika an Tiere in Masttierhaltung verfüttert.
- Für 1 kg Fleisch werden mind. 5 kg Futter und 15.000 l Wasser benötigt.
- Rinder sind weltweit für 18 % der Treibhausgase verantwortlich.

DARF'S EIN BISSCHEN WENIGER SEIN?

Verzichten, bewusst einkaufen, nichts wegwerfen – das ist auch hier die Devise. Um die Kinder dafür zu sensibilisieren, besprechen Sie mit ihnen, welche Produkte wir von welchem Tier bekommen: Wolle, Milch, Fleisch vom Schaf; Eier, Fleisch und Daunen von Geflügel ...
Ob es dafür vielleicht auch Alternativen gibt? Im Anhang auf S. 77 und 78 finden Sie eine Übersicht über pflanzliche Alternativzutaten zum Kochen und Backen.

Auch ein Besuch auf dem Bauernhof lohnt sich, um den Zusammenhang zwischen dem lebenden Tier und dem Würstchen aus dem Supermarkt herzustellen.

SCHON GEWUSST?

Seit 2010 sind die sogenannten Legebatterien in Deutschland verboten und seit 2012 die Käfighaltung innerhalb der EU.
Am häufigsten leben Legehennen in Bodenhaltung – das bedeutet: in viel zu großen Gruppen in einem geschlossenen Stall ohne Auslauf, oft in Gitterständen übereinander „gestapelt".

[1] Proceedings oft he National Academy of Sciences oft he United States of America

ESSEN FÜRS KLIMA

Wie sich Klimatarier ernähren

Ja, es gibt sie wirklich: die Klimatarier! Hier lässt sich leicht ableiten, worauf hier in der Ernährung geachtet wird. Der Klimatarier is(s)t klimafreundlich. Bei der Ernährung werden ganz bewusst Lebensmittel ausgewählt, die in der Herstellung und Produktion die Umwelt nicht oder kaum belasten, also kaum Ressourcen verbrauchen und wenig CO_2-Emmissionen verursachen.

WAS SOLLTE MAN ALS KLIMATARIER BEACHTEN?

- Regional und saisonal einkaufen.
- Selbst kochen, dann weiß man, was im Topf landet.
- Mahlzeiten planen, dann wird weniger weggeworfen.
- Viel Obst und Gemüse essen.
- Auf Fleisch und Milchprodukte verzichten.

IST MEIN ESSEN KLIMAFREUNDLICH?

Schatzkiste:
Lebensmittel (oder Fotos davon), die klimafreundlich und die nicht klimafreundlich sind (siehe Schon-gewusst-Kasten), Einkaufskorb

Ihr habt ja auch schon gelernt, dass es Obst und Gemüse gibt, das unsere Umwelt weniger belastet und manches, das unsere Umwelt mehr belastet. Jetzt darf jeder von euch ein Lebensmittel auswählen: Belastet es unsere Umwelt nicht, darf es in unseren Einkaufskorb. Was unserer Umwelt schadet, muss leider draußen bleiben. *(Kinder sortieren)*

KREATIVIDEE: KRÄUTERKÖRBCHEN BASTELN

Material:
Eierkarton, Schere, Watte, Kressesaat

Der Eierkarton wird mit Watte ausgelegt und die Kressesaat über die Watte gestreut. Dann die Saat vorsichtig gießen (ggf. mit einer Pipette) und regelmäßig nachgießen. In wenigen Tagen lassen sich dann die klimafreundlichen Kräuter genießen.

SCHON GEWUSST?

Klimafreundliche Lebensmittel: Karotten, Kartoffeln, Pilze, Birnen, Erdbeeren, Wildfleisch, Zander, Forelle, Hering, Ei, Margarine
In Maßen o.k.: Paprika, Tomaten, Pfirsiche, Trauben, Hühnerfleisch, Joghurt, Eis, Pasta
Nicht klimafreundlich: Gemüse aus dem Gewächshaus, tropische Früchte, die eingeflogen wurden, Rindfleisch, Zuchtfisch, Butter, Reis, Käse

ESSEN OHNE MÜLL

Verpackungsfrei einkaufen, geht das?

Nicht nur die Produktion und der Transport von unseren Lebensmitteln haben einen Einfluss auf die Umwelt – meistens ist unser Essen auch noch in viele Schichten Karton und Plastik verpackt. Das wirkt sich zusätzlich negativ auf die Umweltbilanz von Nahrungsmitteln aus und sollte bei einer nachhaltigen Ernährung nicht außer Acht gelassen werden.

EINKAUFEN OHNE VERPACKUNGEN

Obst und Gemüse einkaufen ohne Plastikverpackungen? Heute beinahe in jedem Laden möglich. Doch wie sieht es mit Nudeln, Mehl und Zucker aus? Ganz zu schweigen vom Verpackungsmüll bei Süßigkeiten! Das scheint nun doch deutlich schwieriger zu sein – aber nicht unmöglich! Fast in jeder großen Stadt lassen sie sich inzwischen finden und machen Einkaufen ohne Müllaufkommen möglich: die Unverpacktläden!

Hier können Getreide, Nüsse, Nudeln, Trockenfrüchte und auch Süßigkeiten in selbst mitgebrachte Behältnisse abgefüllt, gewogen und dann bezahlt werden. So kann das Müllaufkommen im eigenen Haushalt enorm reduziert werden.

Und wenn kein Unverpacktladen in der Nähe ist? Dann muss auf unverpackte Lebensmittel nicht verzichtet werden: Im Internet finden sich hierzu zahlreiche Online-Shops, die die bestellten Lebensmittel in Leihbehältnissen zusenden. So kann wirklich jeder, der sich für diese Idee begeistern kann, sein Einkaufsverhalten ändern.

Und natürlich lohnt sich auch immer der Weg auf den Wochenmarkt oder zum Hofladen. Der unverpackte Einkauf erfordert nur mehr Planung: Taschen, Körbe, Dosen und Gläser müssen immer mit im Gepäck sein.

UMWELTFREUNDLICH VESPERN IN DER KITA

Zur Grundausstattung einer jeden gut ausgerüsteten Kindergartentasche gehören auf jeden Fall die Vesperdose und die Trinkflasche – beides gibt es in stabilen, bruchsicheren, aber trotzdem plastikfreien Varianten.

Die Vesperdose sollte auslaufsicher, leicht und einfach zu öffnen und zu schließen sein. Idealerweise kann man sie unterteilen, sodass nicht alles wild durcheinanderfliegt. Ist die Dose außerdem geschmacksneutral und schadstofffrei, steht dem Vesperglück nichts mehr im Wege!

DAS KOMMT MIR NICHT IN DIE DOSE!

Umweltfreundlich vespern in der Kita

Gerade, wenn es darum geht, etwas zu Essen verzehrfertig zu transportieren, lässt sich vieles dafür tun, die Umwelt wenig bis gar nicht zu belasten und dabei gesund und abwechslungsreich zu essen. Sicherlich ist die Versuchung groß, den fertigen Joghurt im Plastikbecher einzukaufen und mitzugeben oder eine Salami, welche auch noch extra verpackt ist – doch es geht auch anders! Hier holen Sie wieder die Eltern ins Boot.

UMWELTFREUNDLICHE VESPERDOSENINHALTE

- Statt Joghurt im Plastikbecher: Joghurt aus dem Glas in einen auslaufsicheren Behälter umgefüllt und mit frischem Obst angereichert.
- Wurst und Käse unverpackt von der Fleisch- und Käsetheke und nicht einzeln verpackt.
- Selbst gemachtes Apfelmus im Einmachglas.
- Selbst gebackener Kuchen oder Muffins.

→ GESUNDE SNACKS UND KOCHREZEPTE IM UMWELTRETTER-REZEPTBUCH AB S. 58

MARIE UND NICKT BEIM KITA-FRÜHSTÜCK

Schatzkiste:
Fertigprodukte (Sahneschnitte aus dem Kühlregal, Salami einzeln verpackt, Käse einzeln verpackt, ...) frisches Obst und Gemüse, Kopiervorlage 10: *Das bleibt im Laden, das nehmen wir mit*

Marie und Nick freuen sich sehr, dass ihre Eltern ihnen immer ein gesundes Frühstück für den Kindergarten einpacken. Aber was gehört eigentlich in die Frühstücksbox und was sollte lieber im Laden bleiben? Nehmt euch was aus der Schatzkiste und sortiert es mal so, wie ihr es für richtig haltet. *(Kinder sortieren)*

KREATIVIDEE: DAS SOLL DRAUßEN BLEIBEN!

Material:
Material aus der Schatzkiste, Foto, Elternbrief

Anleitung: Nachdem die Kinder die Zuordnung vorgenommen haben, wird ein Foto davon gemacht. Dieses kann dann entweder am Infoboard angebracht oder dem nächsten Elternbrief beigefügt werden – mit dem Hinweis, dass sich die Kita-Umwelt-Retter über umweltfreundliches und gesundes Frühstück freuen.

LIEBE GEHT DURCH DEN MAGEN

Leckere Geschenkideen ganz leicht selbst gemacht

Muttertag, Ostern oder Weihnachten – Anlässe für kleine Geschenke gibt es genug im Jahr! Beliebt bei Schenkenden und Beschenkten sind Pralinen, Kuchen & Co. Doch oft sind diese voll von ungesunden Inhaltsstoffen und in lauter Plastik verpackt. Der Vorteil von selbst gemachten Leckereien: Man weiß genau, was drin ist, kann die Verpackung selbst wählen und schafft jedes Mal etwas Einzigartiges.

GESCHENKPAPIER? NEIN DANKE!

Geschenke lassen sich auch umweltfreundlich schön verpacken:

- alte Zeitungen
- Stoff
- neues (Geschirr-)Handtuch
- Dosen
- Stoffbeutelchen
- Schalen
- Schraubgläser
- Blumentöpfe

Mit einem schönen Band, bemalt oder mit Naturmaterialien verziert, sind alle Varianten ein echter Hingucker.

ICH MACH DIR EINE FREUDE!

Schatzkiste:
umweltfreundliche Geschenkverpackungen

Marie und Nick verschenken gerne selbst gemachte Sachen. Was habt ihr denn schon mal gebastelt und verschenkt? *(Kinder zählen auf)*. Ihr habt aber echt tolle Ideen! Marie und Nick haben sich etwas Neues einfallen lassen, um Geschenke zu verpacken. Ein paar Ideen könnt ihr hier finden – fällt euch was auf? Genau, solche Gläser, Flaschen und Boxen finden sich immer wieder im Haushalt. Da muss es gar nicht immer ein neues Geschenkpapier sein – und toll sieht es auch noch aus! Habt ihr zu Weihnachten oder zum Geburtstag schon mal Schokolade bekommen oder einen Kuchen? Marie und Nick haben euch ein paar Ideen für selbstgemachte Geschenke aus der Küche mitgebracht, wollen wir davon etwas ausprobieren?

KREATIVIDEE: GESCHENKIDEEN AUS DER KÜCHE

Material:
Rezepte aus dem Umwelt-Retter-Rezeptebuch, S. 54/55

Kräuteröl, Bruchschokolade oder Brownies im Glas: Selbstgemacht und lecker – die Rezeptideen sind kinderleicht umzusetzen und schön anzusehen.

ZUCKERSÜẞ!

Selbstgemachte Süßigkeiten – gesund und umweltfreundlich

Die meisten Kinder lieben Süßes und natürlich gehören Süßigkeiten dazu – in Maßen und am liebsten auch unverpackt und selbstgemacht. Denn nur so haben wir auch Einfluss auf die Inhaltsstoffe. Gekaufte Süßigkeiten enthalten viel Zucker und Farb- und Konservierungsstoffe. Bei dieser Idee machen die Kinder Leckereien aus natürlichen Zutaten selbst!

ZUCKER

Zu viel Zucker ist ungesund und schlecht für die Zähne – das weiß jeder! Doch wie viel Zucker ist erlaubt? Als Faustregel gilt: Höchstens 10 % der täglichen Energiezufuhr sollten aus Süßigkeiten und Knabbereien kommen. Bei Kindergartenkindern entspricht das etwa 25 g Zucker bzw. 150 kcal – das sind gerade mal 2 Kinderriegel!

Für die Gesundheit ist es übrigens egal, welchen Zucker man verwendet – für die Umwelt aber nicht: Hier sollte auf regionalen Biorübenzucker zurückgegriffen werden, da dieser sehr viel umweltfreundlicher ist als importierter Zucker.

MARIE UND NICK IM SCHLARAFFENLAND

Schatzkiste:
Rezepte für selbstgemachte Cake-Pops, Popcorn, Cookies, Bonbons und Gummibärchen

Marie und Nick mögen auch gerne Süßigkeiten. Sie achten darauf, dass sie nicht zu viel davon essen, denn sie wissen, dass dies schlecht für die Zähne und zu viel auch nicht gesund ist. Doch ab und zu darf das schon sein. Die Rezepte für ihre Lieblingssüßigkeiten haben sie euch heute mitgebracht – wollen wir die gemeinsam ausprobieren?

REZEPTIDEE: SELBSTGEMACHTE SÜßIGKEITEN

Im Umweltretter-Rezeptebuch finden Sie verschiedene Ideen für selbstgemachte Süßigkeiten (S. 56/57) – probieren Sie mit den Kindern ein Rezept aus oder laden Sie die Eltern zu einem süßen Nachmittag mit verschiedenen umweltfreundlichen Naschereien ein.

Die Kinder haben ein leckeres Rezept gefunden, es soll aber lieber vegan oder glutenfrei sein? Auf S. 77/78 finden Sie eine Liste mit Alternativen, mit denen Sie die Zutaten in den Rezepten ersetzen können!
UMWELTRETTER-
Rezeptebuch

MEAL PREP IN DER KITA

VEGETARISCHE PIZZA-MUFFINS

Zutaten:
200 g (Dinkel-)Mehl · 1 Teelöffel Backpulver · 200 ml Milch · 3 Eier · 200 g geriebener (Gratin-)Käse · Paprika · Champignons · (Pizza-)Gewürze

Paprika und Pilze kleinschneiden. Eier und Milch verrühren, dann alle Zutaten miteinander vermengen, in Muffinförmchen verteilen und bei 180 °C ca. 35 min. backen. Schmecken heiß und kalt und können auch über 2–3 Tage verzehrt werden.

BLUMENKOHL-BRATLINGE

Zutaten:
50 g Blumenkohl · 100 g Haferflocken · 1 Ei · 25 g Sesam · 50 g Quark · 100 g geriebener Käse · 1 Zwiebel · Gewürze (Salz, Pfeffer, …) · evtl. Semmelbrösel · etwas Öl für die Pfanne

Blumenkohl raspeln, Zwiebel kleinschneiden und beides mit den restlichen Zutaten vermengen. Mischung etwas ziehen lassen und bei Bedarf Semmelbrösel untermischen, wenn die Masse zu feucht ist. In der Pfanne mit Öl ausbacken und mit Joghurt-Dip reichen. Schmeckt heiß und kalt und kann eingefroren werden.

MILCHREIS

Zutaten:
250 g Milchreis · 1 l Milch · 1 EL Butter oder Margarine · 1 TL Vanillezucker · 4 EL Zucker · Zimt und Zucker · evtl. Apfelmus

Milchreis und Milch in einem Topf einmal kurz aufkochen lassen, Zucker, Vanillezucker und Butter oder Margarine hinzufügen, dann den Milchreis unter ständigem Rühren ca. 30 min köcheln lassen. Den Milchreis mit Zimt und Zucker oder Apfelmus servieren.
Abgefüllt in Gläsern mit Schraubdeckel kann der Milchreis auch für einen späteren Verzehr aufbewahrt werden – schmeckt warm und kalt!

APFELMUS

Zutaten:
1 kg Äpfel · ca. 80 ml Wasser oder Apfelsaft · 2 EL Zucker · 1 Spritzer Zitronensaft · etwas Vanillezucker und Zimt

Äpfel schälen, Kernhaus entfernen und in kleine Stücke schneiden. In einem Topf mit dem Wasser ca. 20 min köcheln lassen. Spritzer Zitronensaft, Zucker, Vanillezucker und Zimt unterrühren und alles mit einem Pürierstab pürieren: warm und kalt ein Genuss!
Lässt sich auch mit Birnen leicht umsetzen: Einfach die Menge Äpfel durch Birnen tauschen oder eine Kombi aus beidem machen.

LECKERE OBST- UND GEMÜSETIERE

ERDBEER-BANANEN-SCHLANGEN

Zutaten:
Erdbeeren · Bananen · Schokoaugen

Erdbeeren und Bananen in Scheiben schneiden. Für jede Schlange je ein großes und ein kleineres Erdbeerende aufbewahren. Das kleinere Ende der Erdbeere bildet das Schwanzende der Erdbeerschlange. Dann abwechselnd die Erdbeer- und Bananenscheiben und zum Schluss das größere Erdbeerende als Schlangenmaul anlegen. Mit Schokoaugen verzieren.

APFELKREBS

Zutaten:
1 Apfel · 1 Rosine

Den Apfel in zwei Hälften teilen. Eine Hälfte wird als Körper für den Krebs bereitgehalten. Im vorderen Teil zwei kleine Löcher aushöhlen und darin je eine Hälfte der Rosine für die Augen einfügen. Die andere Hälfte des Apfels wird in 8–10 Scheiben geschnitten. Bei zwei Scheiben werden Zacken für die Krebszangen ausgeschnitten, die anderen werden unter den Krebskörper als Beinchen drapiert.

GEMÜSEKROKODIL

Zutaten:
1 Gurke · 1 Karotte · Käsewürfel · Trauben · Cocktailtomaten · Mini-Mozzarella · Zahnstocher

Gurke zu 1/3 aufschneiden für das Krokodilmaul. Zacken für die Zähne rausschneiden, ein Streifen einer geschälten Karotte als Zunge ins Maul legen. Vom hinteren Gurkenteil ein Stück abschneiden und daraus vier Füße schneiden. Zwei Mini-Mozzarella mit Zahnstocher als Augen in die Gurke piksen. Käsewürfel, Trauben und Cocktailtomaten auf Zahnstocher spießen und das Krokodil damit verzieren.

OBSTPFAU

Zutaten:
Trauben · Bananen · Kiwi · Erdbeeren · 1 Birne · 1 Karotte

Banane in Scheiben schneiden, alle anderen Obstsorten halbieren und aus der Karotte einen kleinen Schnabel und zwei Füße schnitzen. Eine Hälfte der Birne als Pfauenkörper legen, die anderen Obstsorten im Halbkreis um die Birne legen und so das Pfauenrad entstehen lassen. Mit Schoko- oder Zuckergussaugen verzieren und Schnabel sowie Füße anbringen.

LECKEREIEN ZUM VERSCHENKEN

SCHOKOMANDELN

Zutaten:
200 g Mandeln ganz und ungeschält · 60 g Schokolade · 4–5 EL Puderzucker

Den Backofen auf 180 °C vorheizen (Ober-/ Unterhitze). Ein Backblech mit Backpapier auslegen und die Mandeln darauf verteilen. Die Mandeln ca. 10 min im Ofen rösten, dann abkühlen lassen. Die Schokolade im Wasserbad schmelzen und die Mandeln in die Schokoladenschüssel geben und so verrühren, dass alle Mandeln mit Schokolade überzogen sind. In eine Schüssel mit Deckel Puderzucker geben und die Schokomandeln sofort beifügen. Den Deckel schließen und kräftig schütteln. So werden die Mandeln voneinander getrennt. Ggf. noch auf einem Backpapier auslegen und abkühlen lassen. In einem Schraubglas sind die Mandeln ein hübsches Geschenk.

BRUCHSCHOKOLADE VOM BLECH

Zutaten:
8 Tafeln Schokolade – gerne auch verschiedene Geschmacksrichtungen · Topping nach Geschmack: Streusel, Salzbrezeln, Gummibärchen, etc.

Ein Backblech mit Backpapier auslegen und dann die Schokoladentafeln drauflegen. Dann das Blech für ca. 12 min bei 50 °C in den Ofen schieben. Ist die Schokolade geschmolzen, mit dem Wunschtopping belegen und abkühlen lassen und dann die Schokolade auseinanderbrechen. Bruchschokolade lässt sich besonders schön in Glasbehältnissen verschenken.

BROWNIE-BACKMISCHUNG IM GLAS

Zutaten:
50 g Mehl · 1/2 TL Backpulver · 1 Prise Zimt · 70 g Kakao · 70 g brauner Zucker · 50 g weißer Zucker · 40 g Nüsse (nach Geschmack) · 40 g Zartbitterschokolade

Außerdem:
Glasflasche oder Glasbehältnis mit ca. 300 ml Fassungsvermögen · buntes Papier · Geschenkband

Mehl und Backpulver miteinander vermischen und dann mit Hilfe eines Trichters in die Glasflasche füllen. Dann nacheinander Kakao, braunen und weißen Zucker beifügen. Die Nüsse und die Schokolade kleinhacken und zuerst die Walnüsse und danach die Schokolade auffüllen. Durch das Einfüllen ergibt sich ein schönes Muster. Dann noch die Backanleitung auf das bunte Papier schreiben und mit einem schönen Band am Glas befestigen: Backmischung mit 60 g Margarine und 1 Ei verrühren und bei 175 °C im Backofen für ca. 30 min backen.

KRÄUTERÖL

Zutaten:
Olivenöl · frische Kräuter nach Geschmack (gerne auch Wildkräuter)

Die frisch geernteten, gereinigten und trockenen Kräuter in eine leere, steril gereinigte Flasche stapeln. Dann vorsichtig das Olivenöl darüber gießen und die Flasche luftdicht verschließen.

KRÄUTERSALZ

Zutaten:
85 g Salz · je 5 g verschiedene getrocknete Kräuter (z. B. Rosmarin, Oregano und Thymian)

Getrocknete Kräuter mit dem Mörser kleinmachen und unter das Salz rühren. Alles zusammen in ein schönes, verschließbares Glas füllen.

SELBSTGEMACHTE SÜẞIGKEITEN

GUMMIBÄRCHEN

Zutaten:
25 ml Fruchtsaft (Kirsch, Apfel, Maracuja, ...) · 1 Pck. Agar-Agar · 1 EL Zitronensaft · 1 EL Zucker

Fruchtsaft, Zitronensaft und Agar-Agar in einen Topf geben und aufkochen. Dann den Zucker unterrühren, bis dieser sich aufgelöst hat und alles in eine Silikonform (z. B. für Gummibärchen oder Pralinen) einfüllen. Mindestens für 1,5 h in den Kühlschrank stellen – bei Bedarf die Kühlzeit verlängern.

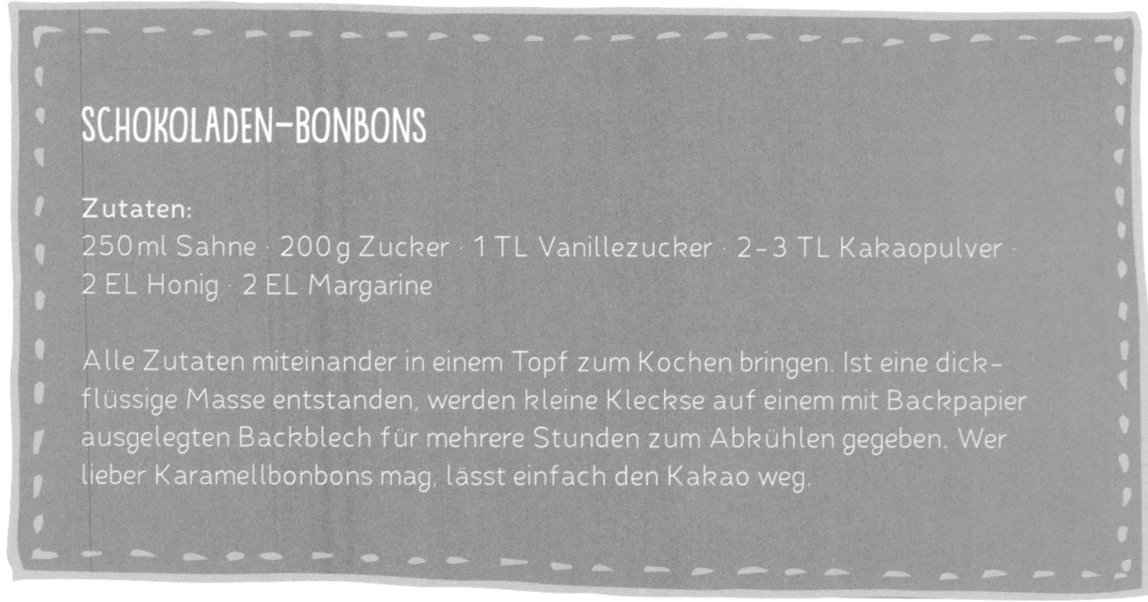

SCHOKOLADEN-BONBONS

Zutaten:
250 ml Sahne · 200 g Zucker · 1 TL Vanillezucker · 2–3 TL Kakaopulver · 2 EL Honig · 2 EL Margarine

Alle Zutaten miteinander in einem Topf zum Kochen bringen. Ist eine dickflüssige Masse entstanden, werden kleine Kleckse auf einem mit Backpapier ausgelegten Backblech für mehrere Stunden zum Abkühlen gegeben. Wer lieber Karamellbonbons mag, lässt einfach den Kakao weg.

BONBONS

Zutaten:
300 g Zucker · 100 g Wasser · 80 ml Saft nach Geschmack

Wasser, Zucker und Saft unter ständigem Rühren miteinander verkochen, bis der Zucker karamellisiert und das Wasser verkocht ist. Die Masse dann mit einem Löffel auf ein mit Backpapier ausgelegtes Backblech klecksen und über einige Stunden abkühlen lassen.

CAKE-POPS

Zutaten:
400 g Rührkuchen (Sandkuchen, Marmorkuchen, ...)
4 EL Saft (z. B. Orangen- oder Maracujasaft) ·
70 g Margarine · ca. 16 Holzspieße · 250 g Vollmilch- oder Zartbitterkuvertüre · evtl. Zuckerstreusel

Kuchen in kleine Stücke schneiden, Saft und Margarine unterheben und den Teig für mind. 30 min kühlstellen. Dann aus der Masse kleine Kugeln formen und die Holzspieße einstechen. Die kleinen Kugeln mit Schokoglasur bestreichen und ggf. mit Zuckerstreuseln verzieren.

Tipp: Alternativ zur Margarine kann auch Frischkäse verwendet werden.

LECKER UND GESUND KOCHEN IN DER KITA

BACKOFEN-POMMES

Zutaten:
1 kg Kartoffeln · 5–6 EL Olivenöl · Salz

Die Kartoffeln waschen, schälen und in Streifen (circa 0,5 cm dick) schneiden. Die Kartoffeln auf ein Backblech geben, mit Olivenöl beträufeln und nach Belieben mit Salz würzen. Backofen auf 180 °C (Umluft) vorheizen. Die Pommes für ca. 15 Minuten backen, dann einmal wenden und nochmals 15 Minuten backen.

TOMATENSUPPE

Zutaten:
1 kg Tomaten · 1 Zwiebel · 1 Knoblauchzehe · 1/2 l Gemüsebrühe · 2 EL Olivenöl zum Anbraten · Salz, Pfeffer zum Abschmecken

Tomaten waschen, den Stielansatz entfernen und in kleine Stücke schneiden. Zwiebel würfeln, Knoblauch pressen oder würfeln. Olivenöl in einem Topf erhitzen, Zwiebeln und Knoblauch dazugeben und bei mittlerer Hitze anschwitzen.

Tomaten hinzugeben und schmoren lassen. Brühe dazugießen und alles 10 Minuten köcheln lassen. Dann die Suppe pürieren oder durch ein Sieb streichen und nochmal aufkochen lassen. Je länger die Suppe kocht, desto intensiver das Aroma – desto mehr Vitamine gehen aber auch verloren.

ZITRONENNUDELN

Zutaten:
500 g Nudeln · 100 ml Olivenöl · 1/2 Bund Petersilie · 1/2 Bund Basilikum oder Minze · 30 g Pistazienkerne · 2–3 EL Zitronensaft · Salz, Pfeffer

Nudeln nach Packungsanweisung kochen. Petersilie und Minze oder Basilikum waschen, trocken schleudern, die Blätter abzupfen und fein hacken. Die Pistazienkerne auch fein hacken.

Olivenöl, Zitronensaft, Kräuter und Pistazien zu den abgetropften Nudeln geben und durchmischen, bis sie die meiste Flüssigkeit aufgenommen haben.

VEGANER KAISERSCHMARRN

Zutaten:
600 ml Sojamilch · 3 EL Sojamehl · 2 1/2 TL Backpulver · 3 EL brauner Zucker · 120 g Mehl · 4 EL Olivenöl · 30 g Rosinen · 3 EL Puderzucker

Sojamilch, Sojamehl und Backpulver verrühren. Nach und nach Zucker, Mehl, 2 EL Olivenöl und die Rosinen unterrühren.

Restliches Öl in einer Pfanne erhitzen. Die Hälfte des Teigs in die Pfanne geben. Auf mittlerer Hitze die Masse so lange backen, bis sich der Rand von der Pfanne löst und der Teig durchstockt – also auf der Oberfläche nur noch leicht flüssig ist. Nun den Pfannkuchen wenden und mit einer Gabel in Stücke reißen und fertig backen lassen.
Mit der zweiten Teighälfte genauso verfahren. Kaiserschmarrn mit Puderzucker bestreuen und warm servieren.

VEGGIE-FRIKADELLEN

Zutaten:
150 g Reis · 2 Eier · 2 Möhren · 1 Zwiebel · Semmelbrösel · Salz, Pfeffer · 150 g geriebener Käse · Gemüsebrühe · Öl zum Anbraten

Den Reis in der Brühe kochen, abgießen und abkühlen lassen – Reis vom Vortag geht auch, sollte aber gut gewürzt werden. Möhren putzen und fein raspeln. Zwiebel fein hacken.

Reis, Möhren, Käse und Eier miteinander verrühren und Semmelbrösel einrühren, bis die Masse Konsistenz hat. 15 Minuten quellen lassen, zu Frikadellen formen und in Semmelbrösel wälzen. Frikadellen dann in Öl anbraten.

Tipp: Eignet sich auch als Burgerpatty für Veggie-Buger – dafür die Frikadelle einfach so groß wie das Burgerbrötchen formen.

CHECKLISTEN, & KOPIERVORLAGEN

- ☑ Checkliste 1: Umweltschutz im Alltag
- ☑ Checkliste 2: Umweltschutz im Team
- ☑ Checkliste 3: Elternabend
- ☑ Kopiervorlage 1: Schatzkiste
- ☑ Kopiervorlage 2: Marie
- ☑ Kopiervorlage 3: Nick
- ☑ Kopiervorlage 4: Umweltschützerdiplom
- ☑ Kopiervorlage 5: Ernährungspyramide
- ☑ Kopiervorlage 6: Meal-Prep-Wochenplaner
- ☑ Kopiervorlage 7: Wasserverbrauch von Lebensmitteln
- ☑ Kopiervorlage 8: Saisonkalender
- ☑ Kopiervorlage 9: Anleitung zum Bau eines Hochbeets
- ☑ Kopiervorlage 10: Das bleibt im Laden, das nehmen wir mit
- ☑ Kopiervorlage 11: Alternative Zutaten beim Kochen und Backen

UMWELTSCHUTZ IM ALLTAG

- ☐ Ressourcen achtsam nutzen
- ☐ Papierverbrauch reduzieren
- ☐ Wasser sparen (Wasser aus beim Zähneputzen!)
- ☐ auf Palmöl verzichten (v. a. in Fertigprodukten)
- ☐ auf Fleisch verzichten (v. a. aus Brasilien und Argentinien)
- ☐ auf Plastikprodukte verzichten
- ☐ faire Produkte konsumieren
- ☐ das Auto stehen lassen
- ☐ Müll vermeiden, richtig trennen und fachgerecht entsorgen
- ☐ richtig lüften
- ☐ Elektrogeräte ausschalten
- ☐ Wäsche an der Luft trocknen
- ☐ im Wald auf den vorgesehenen Wegen bleiben
- ☐ keinen Müll in der Natur liegen lassen
- ☐ was nicht mehr gebraucht wird, verschenken oder upcyceln

UMWELTSCHUTZ IM TEAM

- ☐ Welches Know-how, welche Mittel und Informationen bringt der Träger mit ein?
- ☐ Wie und wann muss der Träger mit einbezogen werden?
- ☐ Über welches Know-how verfügen die Teammitglieder?
- ☐ Sind Weiterbildungen notwendig?
- ☐ Wie kann die Weiterbildung aussehen (Bücher, Filme, Seminare, Hospitation ...)?
- ☐ Wie viel Zeit soll investiert werden (Weiterbildung, Umsetzung, Projekttage, Elternabend, Familienveranstaltungen, Präsentation ...)?
- ☐ Wie kann ein zeitlicher Ablauf aussehen?
- ☐ Wie viel Budget muss evtl. geplant werden?
- ☐ Wie kann die Elternarbeit aussehen?
- ☐ Welche Projekte können mit den Kindern realisiert werden?
- ☐ Wie können Erfolge dokumentiert werden?
- ☐ Wer übernimmt welche Aufgaben?
- ☐ Wann soll es losgehen?

ELTERNABEND

- ☐ Warum wird das Thema Natur und Umwelt in der Kita behandelt?
- ☐ Wie wird der Kindergarten das Thema umsetzen (z. B. Unterthemen, Ablauf, Vorbereitungen ...)?
- ☐ Was werden die Kinder in dieser Zeit erleben (z. B. Ausflüge, Besuch eines Försters ...)?
- ☐ Welche zusätzlichen Angebote werden auch für Eltern in der Einrichtung stattfinden (z. B. Tauschbörse, Elterncafé, Eltern-Kind-Kreativnachmittage, gemeinsamer Ausflug in den Wald, Bastelangebote, Baum pflanzen ...)?
- ☐ Welche Themen werden auch vom Kindergartenalltag nach Hause mitgenommen?
- ☐ Abfragen: Welche Eltern können vielleicht einen Beitrag zum Thema beisteuern und wie sieht dieser aus (z. B. als Imker:in Besuch bei den Bienen; als Förster:in gemeinsamer Ausflug in den Wald; als Kreative:r gemeinsam mit Eltern und Kinder ein Insektenhotel bauen ...)?

SCHATZKISTE

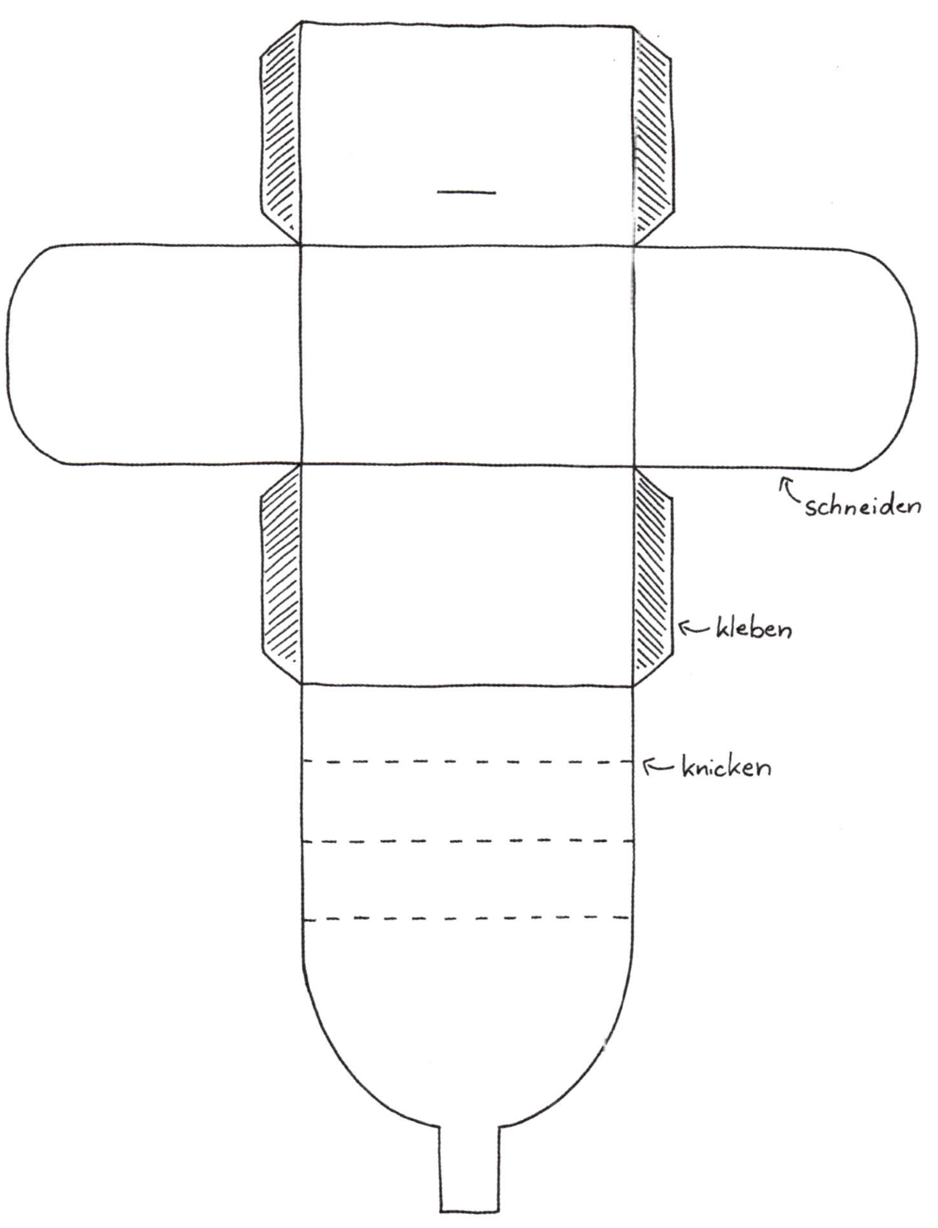

UMWELTPROFI MARIE

UMWELTPROFI NICK

UMWELTSCHÜTZER DIPLOM

Essen & Ernährung

Liebe:r ______________________________

Du hast viel über Lebensmittel und Ernährungsweisen gelernt und dich als richtiger Umweltprofi bewiesen!

Du kannst stolz auf dich sein!

Datum

Unterschrift

ERNÄHRUNGSPYRAMIDE

MEAL-PREP-WOCHENPLANER

SPEISEPLAN

Woche vom ______ bis ______

MONTAG

DIENSTAG

MITTWOCH

DONNERSTAG

FREITAG

SAMSTAG

SONNTAG

NOTIZEN

DAS MUSS ICH EINKAUFEN:

WASSERVERBRAUCH VON LEBENSMITTELN

- Kakaobohnen: 27.000 l/kg
- Röstkaffee: 21.000 l/kg
- Rindfleisch: 15.490 l/kg
- Nüsse: 5.000 l/kg
- Hirse: 5.000 l/kg
- Schweinefleisch: 4.730 l/kg
- Geflügel: 4.000 l/kg
- Reis: 3.470 l/kg
- Eier: 3.300 l/kg
- Sojabohnen: 2.050 l/kg
- Avocados: 1.500 l/kg
- Spargel: 1.470 l/kg
- Weizen: 1.410 l/kg
- Gerste: 1.300 l/kg
- Äpfel: 700 l/kg
- Milch: 600 l/kg
- Zitronen: 360 l/kg
- Gurken: 350 l/kg
- Zwiebeln: 280 l/kg
- Erdbeeren: 280 l/kg
- Grüner Salat: 240 l/kg
- Kartoffeln: 210 l/kg
- Möhren: 130 l/kg
- Tomaten: 110 l/kg

SAISONKALENDER

Gemüse

	Jan	Feb	Mrz	Apr	Mai	Jun	Jul	Aug	Sep	Okt	Nov	Dez
Artischocke					■	■	■	■	■	■		
Aubergine						■	■	■	■	■		
Blumenkohl						■	■	■	■	■		
Bohnen							■	■	■	■		
Brokkoli						■	■	■	■	■		
Erbse						■	■	■				
Fenchel					■	■	■	■	■	■	■	
Kartoffel						■	■	■	■	■		
Kohlrabi				■	■	■	■	■	■			
Kürbis								■	■	■	■	
Mais						■	■	■	■	■		
Möhre						■	■	■	■	■		
Paprika							■	■	■	■		
Porree								■	■	■	■	
Radieschen				■	■	■	■					
Rosenkohl	■								■	■	■	■
Rote Bete	■	■	■						■	■	■	■
Rotkohl	■	■	■						■	■	■	■
Salatgurke						■	■	■	■			
Spargel			■	■	■	■						
Spinat				■	■	■	■	■	■	■	■	
Staudensellerie							■	■	■	■		
Tomate							■	■	■			
Wirsing	■	■	■				■	■	■	■	■	■
Zucchini						■	■	■	■			
Zwiebel	■	■	■	■	■			■	■	■	■	■

SAISONKALENDER

Obst und Nüsse

	Jan	Feb	Mrz	Apr	Mai	Jun	Jul	Aug	Sep	Okt	Nov	Dez
Apfel								■	■	■		
Aprikose						■	■	■	■			
Birne							■	■	■	■		
Brombeere							■	■	■	■		
Erdbeere					■	■	■					
Hagebutte								■	■	■	■	■
Haselnuss	■								■	■	■	■
Heidelbeere						■	■	■	■	■		
Himbeere						■	■	■				
Holunderbeere									■	■		
Holunderblüte					■	■	■					
Johannisbeere						■	■	■				
Kirsche						■	■	■	■			
Marone									■	■	■	■
Melone								■	■			
Mirabelle							■	■	■	■		
Nektarine							■	■	■			
Pfirsich					■	■	■	■	■			
Pflaume						■	■	■	■	■		
Quitte										■	■	
Rhabarber			■	■	■	■	■					
Schlehe										■	■	
Stachelbeere						■	■	■				
Walnuss	■	■						■	■	■	■	■
Weintraube								■	■	■	■	
Zwetschge							■	■	■	■		

ANLEITUNG ZUM BAU EINES HOCHBEETS

MATERIAL

- 4 Paletten (aus unbehandeltem Holz)
- Noppenfolie
- Wühlmausgitter
- Holzschrauben
- Wasserwaage
- Bohrmaschine
- Tacker und Tackernägel
- Pflanzgefäße für die Außenseite des Hochbeets
- Füllmaterial (siehe Anleitung)

Das Hochbeet sollte auf einer ebenen Fläche stehen, damit das Wasser nicht zu einer Seite abläuft.
Die 4 Paletten im 90° Winkel zueinander aufstellen und miteinander verschrauben, sodass der Rahmen für das Hochbeet entsteht. Die Palettenfüße sollten dabei nach außen zeigen – sie können später auch noch bepflanzt werden.
Der Boden wird mit einem Wühlmausgitter vor ungebetenen Gästen geschützt. Dazu das Gitter einlegen und an den Innenseiten etwas hochklappen und antackern. An die Innenwände des Hochbeets wird nun die zurechtgeschnittene Noppenfolie getackert.

Dann wird das Beet befüllt:

1. Die erste Schicht sollte aus einem wasserdurchlässigen und groben Material bestehen und für einen guten Wasserablauf als Drainage dienen. Hier bietet sich Holzschnitt, gehäckselte Äste, Heckenschnitt, Strauchschnitt oder Baumschnitt an.
2. Die zweite Schicht: Umgedrehte Rasensoden oder halbreife Komposterde – zum Beispiel vom eigenen Komposthaufen.
3. Die dritte Schicht besteht aus Laub, Pflanzenresten oder Häckselgut.
4. Die vierte Schicht sollte aus grober Gartenerde bestehen.
5. Die oberste Schicht besteht aus verschiedenen Sorten feiner Pflanzenerde.

Das Prinzip ist einfach: Das gesamte Füllmaterial sollte von unten nach oben immer feiner werden. Nach einigen Wochen wird sich das Beet noch setzen, dann muss nochmal Erde nachgefüllt werden.

DAS BLEIBT IM LADEN, DAS NEHMEN WIR MIT

DAS BLEIBT IM LADEN, DAS NEHMEN WIR MIT

ALTERNATIVE ZUTATEN BEIM KOCHEN UND BACKEN

MEHL

Wer unter Zöliakie leidet, verträgt das im Weizen enthaltene Klebereiweiß Gluten nicht oder kaum. Auch in Dinkel, Roggen, Gerste und Hafer ist Gluten enthalten. Alternativen sind zum Beispiel: Hirse, Reis, Buchweizen, Mais, Teff, Quinoa, Haferflocken, Amaranth oder Flohsamenschalen.

Weizenmehl 1:1 durch glutenfreies Mehl zu ersetzen, klappt leider nicht: Es muss immer auch ein Bindemittel zugegeben werden. Das können z. B. Chiasamen, Johannisbrotkernmehl oder Eier sein.

MILCHPRODUKTE

Gibt es laktosefrei oder als pflanzliche Alternative: Aus Soja, Kokos, Nüssen ... Der einzige Nachteil an Pflanzenmilch: Die meisten Sorten lassen sich nicht wirklich gut aufschäumen. Eine Ausnahme ist hier die Haselnussmilch. Und: Kokosmilch ist nicht für Kaffee oder andere Heißgetränke geeignet, da sie flockt.

BUTTER

Margarine oder pflanzliche Öle, die hocherhitzt werden können, ersetzen Butter beim Kochen. Dazu eignen sich Kokosöl oder Kokosfett (hat keinen Eigengeschmack) besonders gut.

Für lockeren und saftigen Kuchen kann die Butter mit Apfelmus oder Banane ersetzt werden – die Konsistenz ändert sich dadurch, der Kuchen muss also eventuell ein bisschen länger backen.

Die Wunderwaffe beim Backen ohne Butter sind Nussmuse: Cashew-, Mandel- oder Haselnussmus macht den Kuchen besonders saftig, lange haltbar und gibt ihm eine feine Nussnote. Auch hier wird der Teig etwas flüssiger und braucht eventuell ein bisschen mehr Backpulver.

ALTERNATIVE ZUTATEN BEIM KOCHEN UND BACKEN

EIER

Bindemittel: Sojamehl, Kichererbsenmehl, Haferflocken, Kartoffelstärke, Fruchtpüree zum Backen

Verdickungsmittel: Lein- oder Chiasamen

Eier können oft auch einfach weggelassen werden – dafür mehr Backpulver verwenden oder einen Schuss Sprudel mit in den Pfannkuchenteig.

GELIERMITTEL

Agar-Agar
Pflanzliches Geliermittel aus Meeresalgen. Wird zum Andicken von Soßen verwendet, für Cremes, Tortenguss oder Marmelade.

Chia-Samen/Leinsamen
Mit Chia- und Leinsamen kann man Smoothies andicken, die Samen eignen sich aber auch als Bindemittel in Brot und Brötchen.

Flohsamenschalen
Brot, Brötchen, aber auch Desserts und Cremes – Flohsamenschalen sind ein richtiger Allrounder in der Küche.

Mehl
Guarkern-, Johannisbrot-, Kartoffelmehle dicken alles an, was nicht zu flüssig sein soll: Suppen, Soßen, Desserts und Cremes.

SÜẞUNGSMITTEL

- Ahornsirup
- Aprikosensirup
- Birkenzucker
- Dattelsüße
- Honig
- Kokosblütenzucker
- Rohrohrzucker
- Stevia
- Yacon

ÜBER DIE AUTORIN

Claudia Hohloch, geboren 1981 in Schwäbisch Hall, ist verheiratet und lebt mit ihrem Mann und ihren beiden Töchtern in Gaildorf in Baden-Württemberg. Sie hat sich sehr intensiv mit dem Thema *Umweltschutz* auseinandergesetzt und möchte dies gern den kleinen und großen Leserinnen und Lesern näherbringen. Da sie weiß, dass es manchmal schwer sein kann, ein solches Thema den Kindern zu vermitteln, hat sie dieses Buch geschrieben, das spielerisch und kreativ das Thema *Umweltschutz* in kleine Häppchen aufteilt. So werden die Kinder Schritt für Schritt für das Thema sensibilisiert und vielleicht werden einzelne Ideen oder sogar die ganze Ideensammlung in die Kindergärten und Familien transportiert – sodass schon bald ein paar Umweltschützer-Herzen mehr schlagen.

In dieser Reihe ist bereits erschienen:

Die Kita-Umwelt-Retter
Wald, Wiese & Insekten
ISBN: 978-3-96046-154-8

Die Kita-Umwelt-Retter
Müllvermeidung
ISBN: 978-3-96046-175-3